ORGUEIL ET VANITÉ,

COMÉDIE

EN CINQ ACTES ET EN PROSE.

DE L'IMPRIMERIE DE FIRMIN DIDOT,
IMPRIMEUR DU ROI ET DE L'INSTITUT, RUE JACOB, N° 24.

Boucquet

ORGUEIL ET VANITÉ,

COMÉDIE

EN CINQ ACTES ET EN PROSE,

Par M. J^PH Soucques

REPRÉSENTÉE POUR LA PREMIÈRE FOIS SUR LE THÉÂTRE FRANÇAIS,
PAR LES COMÉDIENS ORDINAIRES DU ROI, LE 1er AVRIL 1819.

PRIX : 2 FR. 50 C.

A PARIS,

CHEZ LOUIS VENTE,
LIBRAIRE DES MENUS-PLAISIRS DU ROI,
ET DES SPECTACLES DE SA MAJESTÉ,
BOULEVARD DES ITALIENS, N° 7, PRÈS LA RUE FAVART.

1819.

בנות קנדס

EXTRAIT *du Catalogue des Pièces de Théâtre qui se trouvent chez* VENTE, *Libraire des Menus-Plaisirs du Roi et des Spectacles de Sa Majesté, boulevart des Italiens, n° 7, près la rue Favart.*

Abel, tragédie lyrique, par M. Hoffman.
Adèle et Dorsan, comédie en deux actes, mêlée d'ariettes, par Marsollier.
Amant femme de chambre (l'), comédie en prose, par M. Dumaniant.
Ami des lois (l'), comédie en cinq actes et en vers, par M. Laya.
Artistes par occasion (les), ou l'Amateur de Tivoli, comédie mêlée d'ariettes, par M. Alexandre Duval, de l'Académie française.
Astyanax, tragédie lyrique, par Dejaure.
Auberge en Auberge (d'), comédie en trois actes, mêlée d'ariettes, par M. Dupaty.
Avare fastueux (l') comédie en trois actes et en vers, par M. de Saint-Just.
Azeline, comédie en trois actes, mêlée d'ariettes, par M. Hoffman.
Billet de loterie (le), comédie mêlée d'ariettes, par MM. Roger et Creuzé de Lesser.
Brunehaut, tragédie, par M. Aignan, de l'Académie française.
Caravane du Caire (la), opéra, par Morel.
Caroline de Rosenthal, comédie en trois actes, par M. Beaunoir.
Calife de Bagdad (le), opéra comique, par M. de Saint-Just.
Cendrillon, opéra-féerie, par M. Etienne, de l'Académie française.
Chapitre second (le), comédie en un acte, mêlée d'ariettes, par M. Dupaty.
Chevalier d'industrie (le), comédie en cinq actes et en vers, par M. A. Duval.
Dot de Suzette (la), comédie en un acte, mêlée d'ariettes, par Dejaure.
Dupe de son art (la), opéra-comique en un acte.
Édouard en Écosse, ou le Proscrit, drame, par M. Alexandre Duval.
Épicharis et Néron, tragédie de Legouvé.
Eschyle, tragédie nouvelle, par M. Planard.
Fanchette, comédie en un acte, mêlée d'ariettes, par M. Desfontaines.
Faux Stanislas (le), comédie en trois actes et en prose, par M. Alex. Duval.
Fête du village voisin (la), comédie en trois actes, mêlée d'ariettes.
Folies amoureuses (les), comédie en trois actes et en vers, par Regnard.
Hécube et Polyxène, tragédie nouvelle, 1819.
Hôtel garni (l'), comédie en un acte et en vers, par MM. Désaugiers et Gentil.
Hussites (les), ou le Siége de Naumbourg, par M. Alex. Duval.
Indécis (l'), comédie en un acte et en vers, par M. de Charbonnières.
Jaloux (le), de Rochon de Chabannes, en cinq actes et en vers.
Jean de Geneviève, comédie en un acte, mêlée d'ariettes, par M. Favières.
Jean de Paris, comédie en deux actes, mêlée d'ariettes, par M. de Saint-Just.
Jeunesse de Henri V (la), comédie en trois actes et en prose, par M. Duval.
Jockey (le), comédie en un acte, mêlée d'ariettes, par M. Hoffman.
Joseph, drame en trois actes, mêlée d'ariettes, par M. Alexandre Duval.
Journée aux aventures (la), par MM. Capelle et Mezière.
Léon, ou le Château de Monténéro, drame en trois actes et en prose, paroles de M. Hoffman, musique de Dalayrac.
Lisbeth, comédie en trois actes, mêlée d'ariettes, par M. Favières, musique de Grétry.
Maison à vendre, comédie en un acte, mêlée d'ariettes, par M. Alex. Duval.
Magicien sans magie (le), comédie en deux actes, mêlée d'ariettes, par MM. Roger et Creuzé de Lesser, musique de Nicolo.

Manie des Grandeurs (la), comédie en cinq actes et en vers, par M. Duval.
Marianne, comédie en un acte, mêlée d'ariettes, par Marsollier et Dalayrac.
Matinée d'une jolie femme (la), comédie, par M. Vigée.
Menuisier de Livonie (le), comédie en trois actes et en prose, par M. Duval.
Méprises par ressemblance (les), nouvelle édition, comédie mêlée d'ariettes.
Méprise volontaire (la), ou la Double leçon, comédie en un acte, mêlée d'ariettes, par M. Alexandre Duval, de l'Académie française.
Mercure Galant (le), comédie en vers, par Boursault.
Mœurs du jour (les), comédie en cinq actes et en vers, par Collin-d'Harleville.
Nièce supposée (la), comédie en trois actes et en vers, par M. Planard.
Officier enlevé (l'), ou l'Enlèvement singulier, comédie en un acte, mêlée d'ariettes, par M. Alex. Duval, de l'Académie française, musique de M. Catel.
Omasis, ou Joseph en Égypte, tragédie, par M. Baour-Lormian; nouvelle édition, seule avouée par l'auteur.
Originaux (les), comédie en un acte et en prose, avec les nouvelles scènes de Dugazon.
Partie et Revanche, comédie nouvelle en un acte et en vers, par M. de Rancé.
Phèdre, tragédie en cinq actes et en vers, par Racine.
Philinte de Molière (le), comédie en cinq actes et en vers, par Fabre-d'Eglantine, bonne édition avec la Préface.
Pinto, ou la Journée d'un conspirateur, drame en cinq actes et en prose, par M. le Mercier, auteur d'Agamemnon, tragédie.
Prince troubadour (le), comédie en un acte, mêlée d'ariettes, par M. Alex. Duval, de l'Académie française, musique de Méhul.
Princesse de Babylone (la), tragédie lyrique, par M. Vigée.
Revanche (la), comédie en trois actes et en prose, par MM. Roger et Creusé de Lesser.
Retour d'un Croisé (le), comédie en un acte et en prose, par M. Alex. Duval.
Roman d'une heure (le), ou la Folle gageure, comédie en un acte et en prose, par M. Hoffman.
Rendez-vous bourgeois (les), comédie en un acte, mêlée d'ariettes, par M. Hoffman, musique de Nicolo.
Rosières (les), comédie en trois actes, mêlée d'ariettes, par M. Théaulon.
Secret (le), comédie en un acte et en prose, mêlée d'ariettes, par M. Hoffman.
Secret du Ménage (le), comédie en trois actes et en vers, par M. Creuzé de Lesser.
Shakespeare amoureux, ou la Pièce à l'étude, comédie en un acte et en prose, par M. Alexandre Duval, de l'Académie française.
Soldat prussien (le), comédie en prose, par Dumaniant.
Spartacus, tragédie en cinq actes, par Saurin, de l'Académie française.
Suite d'un bal masqué (la), comédie en un acte et en prose, par Mad. de Baur.
Tapisserie (la), comédie en un acte et en prose, par M. Alexandre Duval.
Tuteurs vengés (les), comédie en trois actes et en vers, par M. Alexandre Duval.
Tyran domestique (le), comédie en cinq actes et en vers, par M. Alexandre Duval.
Une matinée de Frontin, comédie en un acte, mêlée d'ariettes.
Urbelise et Lanval, comédie, par M. de Murville.
Vadé chez lui, comédie en un acte et en vaudeville, par M. Demautort.
Vaisseau amiral (le), comédie en un acte, mêlée d'ariettes, par M. de St-Cyr.
Vieil amateur (le), comédie en un acte et en vers, par M. Alex. Duval.

AVIS PRÉLIMINAIRE.

La comédie d'Orgueil et Vanité a, sans doute, bien des défauts, mais elle a eu aussi beaucoup de malheurs. Je n'ai point l'impertinente prétention d'occuper le public de tous les incidents, grands et petits, qui ont accompagné le travail et la représentation de mes ouvrages; c'est déjà bien assez que de les lui offrir tout imparfaits qu'ils sont. Il est vrai qu'à considérer les choses dans l'intérêt de l'art, je devrais peut-être y mettre moins de réserve et de discrétion, sur-tout à l'occasion de cette comédie. Mais, quand même, contre mon inclination, je me serais déterminé à m'expliquer publiquement sur tout ce qui lui est arrivé, je devais, par différents motifs, choisir un autre moment que celui où nous nous trouvons. Je me réduirai donc aujourd'hui à une seule observation. Elle contiendra l'aveu d'une faute notable dans ma comédie, et deviendra peut-être sa meilleure excuse.

Dans les différentes suppressions que ma pièce a eu à supporter, les unes faites volontairement et dans son intérêt, les autres acceptées forcément et destructives de son effet, les caractères principaux ont beaucoup souffert, notamment celui de Trigoville. Les voyant ainsi sacrifiés, j'aurais dû changer le titre de mon ouvrage qui les désigne assez clairement. Donné sous un autre titre, qui n'aurait rappelé que le fond du sujet, sorti assez entier de toutes les coupures, le spectateur l'eût considéré tout différemment, et en exigeant beaucoup moins de l'auteur. Je ne comprends pas comment une semblable réflexion ne m'est pas venue plutôt à l'esprit. Je pense que c'est à son oubli qu'il faut attribuer la sévérité des premiers jugements portés contre cet ouvrage.

ORGUEIL ET VANITÉ,

COMÉDIE

EN CINQ ACTES ET EN PROSE,

Par M. J^{ph} S.

REPRÉSENTÉE POUR LA PREMIÈRE FOIS SUR LE THÉATRE FRANÇAIS,
PAR LES COMÉDIENS ORDINAIRES DU ROI, LE 1er AVRIL 1819.

Personnages.	Acteurs, MM.
Le comte de FIERFORT, président de Cour souveraine.	Baptiste aîné.
Eugénie de FIERFORT, sa fille.	Mlle Dupuis.
DUNANT DE FIERFORT, frère du comte.	Damas.
DE TRIGOVILLE, riche capitaliste.	Devigny. Monrose.
Nicolas LELEU, artisan.	Michot.
Eugène LELEU, fils de l'artisan.	Michelot.
COMTOIS, 1er domestique du comte.	Thénard.
ROSINE, femme de chambre d'Eugénie.	Mlle Dupont.
BAUPIERRE, 2e domestique du comte.	Cartigny.
Un huissier.	Dumilatre.

La scène se passe dans la capitale.

Nota. *Les acteurs sont placés en tête de chaque scène, comme ils le sont au théâtre, le premier à la droite de son interlocuteur.*

ORGUEIL ET VANITÉ,
COMÉDIE.

ACTE PREMIER.

Le Théâtre représente l'appartement de mademoiselle de Fierfort, dans l'hôtel du président.

SCÈNE PREMIÈRE.

ROSINE, COMTOIS. (*Rosine examine et place en évidence, sur des meubles, une corbeille de mariage, un écrin, et des étoffes brodées or et argent.*)

COMTOIS, *entrant par le fond.*

Qu'est-ce donc ! que voulaient tous ces gens qui sortent de l'appartement de mademoiselle ?

ROSINE.

Accourez, Comtois, venez admirer avec moi. Ce sont les présents de noces pour ma maîtresse; c'est de la part de son prétendu M. de Trigoville, le fils de ce riche propriétaire dont l'hôtel est ici près. Voyez donc comme tout est magnifique. Quel mariage !

COMTOIS, *à part.*

Il est beau. La fille du président de Fierfort épouser le fils d'un parvenu !

ROSINE.

Mademoiselle est sortie avec M. Dunant, son oncle, qui est arrivé hier soir de sa terre; elle ne peut tarder à rentrer. Je mets à profit son absence pour tout exposer, placer en évidence... Quelle surprise à son arrivée, en voyant toutes ces richesses!... Quelle joie pour une jeune personne! Non, il n'y a pas deux moments comme cela dans la vie! Mais j'entends quelqu'un.... Plaçons-nous bien en face pour jouir de sa surprise.... La voilà.

SCÈNE II.

ROSINE, COMTOIS, DUNANT, EUGÉNIE.

(Dunant et Eugénie entrent par le fond.)

DUNANT.

Comment! mon frère n'est pas encore rentré?

EUGÉNIE, *apercevant les présents de noces.*

Ah! mon oncle! quel odieux appareil! (*Elle se jette dans un fauteuil.*)

DUNANT.

Qu'avez-vous donc, ma nièce?

ROSINE, *confondue.*

Quoi! mademoiselle!...

DUNANT.

Qu'est-ce que c'est que tout cet étalage?

EUGÉNIE.

Qu'on ôte de mes yeux ces insupportables objets.

ROSINE.

Moi, qui croyais.... (*elle va pour donner des soins à Eugénie.*) Ma maîtresse....

EUGÉNIE.

Eloignez-vous. Laissez-moi.

DUNANT.

Allons, Comtois. (*à Rosine.*) Mademoiselle, cachez, emportez tout cela, et laissez-nous un moment seuls; en vous gardant bien de dire un mot....

ROSINE, *fermant les cartons et emportant les robes.*

Oui, monsieur. (*en s'en allant.*) Ah! mon dieu! qui aurait jamais cru que cela devait se passer ainsi?

SCÈNE III.

DUNANT, EUGÉNIE.

DUNANT.

Qu'est-ce donc, Eugénie?

EUGÉNIE.

Ah! monsieur! ayez quelque pitié de moi! Jamais on ne fut plus à plaindre.

DUNANT.

Que puis-je pour vous, mon enfant? vous connaissez mon frère; il n'est pas d'homme plus absolu que lui dans ses volontés.

EUGÉNIE.

Je regardais votre arrivée comme un secours de la providence. (*portant la main à ses yeux.*) C'en est donc fait.

DUNANT.

Eh, bien! voyons, voyons toujours. Calmez-vous, et causons un peu tranquillement. Je ne croyais pas les choses aussi avancées. Le contrat est donc signé?

EUGÉNIE.

Il devait l'être hier; il le sera dans une heure.

DUNANT.

Dans une heure! Mais il me semble qu'il n'est pas dans l'usage d'envoyer les présents de noces auparavant.

EUGÉNIE.

Est-ce que M. de Trigoville connaît les usages? Au reste, tout est convenu, on est d'accord sur tout, et la signature n'a été remise que par suite de l'omission d'une simple formalité.

DUNANT.

Et ce mariage?...

EUGÉNIE.

M'est odieux.

DUNANT.

Odieux! Voilà qui est bien fort. On assure pourtant que le jeune homme est bien élevé, et d'un extérieur assez agréable.

EUGÉNIE.

Jamais antipathie ne fut plus invincible.

DUNANT.

Ah ça! dites-moi. Entre nous, cet éloignement ne tient-il pas à quelque cause?...

EUGÉNIE.

Je voudrais ne pas me marier.

DUNANT.

Ce n'est pas là répondre à ma question.

EUGÉNIE.

Vous trouvez.... Je puis bien vous assurer pourtant....

ACTE I, SCÈNE III.

DUNANT.

Ma nièce, je ne suis point content. Vous réclamez mon intérêt et mon intervention, et vous manquez de confiance.

EUGÉNIE.

Envers vous, mon cher oncle ! Si vous pouviez savoir....

EUGÉNIE.

Il ne tient qu'à vous.

DUNANT.

Mon oncle se rappelle sûrement la magnifique fête donnée, il y a un an, pour la convalescence de la belle duchesse. Presque toute la cour y assistait.

DUNANT.

Qui fut interrompue par l'horrible incendie de la salle du bal ? Eh bien !

EUGÉNIE.

Au moment où le feu se manifesta, je venais de danser. Une amie de mon père était auprès de moi ; mais dans le premier désordre, nous fûmes séparées. Seule alors, je cherchai, avec la foule, à gagner la principale porte, et je l'avais presque atteinte, lorsque je songeai à mon père, qu'un instant avant j'avais laissé dans le fond du salon, près de l'endroit même où l'incendie avait commencé. Je m'arrête. Je retourne sur mes pas, cherchant et appelant mon père.... Les flammes faisaient d'horribles progrès, et les tourbillons de fumée me voilaient toutes les issues.... Vous peindre ma situation, et ce que j'éprouvai alors, serait impossible. Je perdis tout espoir, et le froid de la mort avait déja glacé mon cœur.... quand un jeune homme accourt à moi en s'écriant: « Mademoiselle, je viens vous sauver « ou mourir avec vous.... » Oh! je vous l'avouerai, en ce moment, il me parut plus qu'un mortel.

DUNANT.

C'était la première fois que vous le voyiez?

EUGÉNIE.

Un instant auparavant il m'avait invitée, et je devais danser avec lui.

DUNANT, *vivement.*

Eh, bien! ensuite, ensuite.

EUGÉNIE.

Il m'enlève aussitôt, et m'emporte précipitamment à travers la grande salle déja presque toute embrasée. Tremblante alors pour lui, comme pour moi-même, l'effroi me fit perdre tout-à-fait le sentiment.... En revenant à moi, je me trouvai à une extrémité du jardin, au milieu de personnes qui me prodiguaient des soins.... « *Où est-il? Où est-il?* » furent les premiers mots que je prononçai.... mais il avait disparu.

DUNANT.

Comment! il ne se présenta pas pour recueillir les témoignages de votre reconnaissance?

EUGÉNIE.

Non, mon oncle. Plusieurs fois, depuis cet événement, le hasard, comme aujourd'hui, l'a offert à mes yeux.

DUNANT.

Je veux absolument savoir ce que c'est que ce jeune homme. Du reste, il m'a paru fort bien, et avoir surtout un air noble et distingué.

EUGÉNIE.

Oh! tout-à-fait. N'est-ce pas, mon oncle?

DUNANT.

Oui. Mais, ma pauvre nièce, cette aventure, toute intéressante qu'elle est, ne saurait nous fournir aucun moyen d'empêcher ni de retarder votre mariage.

EUGÉNIE, *en soupirant.*

Je le sais bien.

DUNANT.

Elle aide seulement à m'expliquer certaine antipathie.... Mais, au fait, en revenant au principal objet de notre entretien, qui a donc pu déterminer mon frère à une alliance si opposée à ses préjugés et à ses premiers projets? Comment! lui, jaloux à l'excès de la naissance, donner sa fille, mademoiselle de Fierfort, au fils d'un M. Trigoville, dont la qualité de parvenu est la moins choquante, tant ses ridicules et la malignité du public y en ont ajouté d'autres!

EUGÉNIE.

Aussi je répondrais que, dans le fond, ce mariage ne lui convient pas plus qu'à moi-même. Repris et rompu, il le remet toujours. Il voudrait tout-à-la-fois le terminer et le cacher. Il ne peut souffrir la vanité et les manières de M. Trigoville. Toute sa personne lui est insupportable; mais son immense fortune.... et celle de mon père....

DUNANT.

Devrait lui suffire, sur-tout avec les différents traitements de ses places.

EUGÉNIE.

Je ne connais pas bien l'état de ses affaires; mais je crains qu'elles ne soient dérangées.

DUNANT.

Vous m'étonnez.

EUGÉNIE.

Une gêne véritable se fait sentir au milieu de sa prodigalité.

DUNANT.

Le comte avait de l'ordre.

EUGÉNIE.

Il se croit obligé à une grande représentation. Il ne supporterait pas qu'aucune personne de son rang en eût une au-dessus de la sienne. Il considère la dépense comme un moyen de succès et d'élévation.

DUNANT.

D'élévation! Est-ce que son ambition n'est pas satisfaite? A peine nommé à une des premières places de la magistrature, il desirerait encore s'avancer?

EUGÉNIE.

Il est sensible à la considération; mais il aimerait encore davantage le pouvoir. Il sollicite toujours. On dit même qu'il est sur le point d'être porté à un emploi encore plus important que tous ceux qu'il a exercés jusqu'à présent. Je sais qu'il s'en flatte.

DUNANT.

Et, en attendant, il se ruine.

EUGÉNIE, *écoutant*.

Je crois l'entendre.... C'est lui.... Ah! mon oncle! je vous en conjure, essayez de lui dire un mot....

DUNANT.

Je vous le promets; mais, si tard!...

SCÈNE IV.

DUNANT, le PRÉSIDENT, EUGÉNIE.

(Au moment où le Président entre, Eugénie fait un mouvement pour se retirer.)

LE PRÉSIDENT, *à sa fille.*

Vous n'avez pas oublié sans doute, mademoiselle, l'heure indiquée au notaire; et j'espère que vous vous présenterez avec une toilette moins simple, moins négligée que celle que vous aviez hier.

DUNANT, *à part.*

Vouloir encore exiger de la victime qu'elle se pare !....
(Eugénie salue; et en se retirant, elle fait à son oncle un signe de supplication et d'intelligence que son père ne voit pas.)

SCÈNE V.

DUNANT, le PRÉSIDENT.

LE PRÉSIDENT.

Comment allez-vous, mon frère? J'ai à peine eu le temps de vous voir hier au soir en arrivant.

DUNANT.

Je vous remercie; fort bien.

LE PRÉSIDENT.

Et vos champs, vos moutons? Vous êtes toujours sous le charme pastoral?

DUNANT.

Toujours.

LE PRÉSIDENT.

Cela vous fait abandonner des intérêts plus importants, rang, titres et fortune.

DUNANT.

J'ai peut-être tort. Mais que voulez-vous? Mon bonheur a rendu le mal sans remède. Je n'ai jamais été si heureux.

LE PRÉSIDENT.

Heureux!... Oui! Je ne crois pas ce prétendu bonheur.

DUNANT.

Écoutez : vous avez peut-être vos raisons pour n'y pas croire. Quant à moi, je vous assure bien.... Que connaissez-vous de mieux que la santé, la paix et l'occupation? Ma vie est ensemble simple et active, variée et remplie. Mes relations avec les hommes sont toutes de bienveillance et d'utilité réciproques. Mes inquiétudes et mes soucis ne s'étendent guère au-delà de mes moissons; et si l'une manque, l'autre me dédommage. Cette année nous avons eu du vin et du blé pour compenser la stérilité de nos dernières récoltes.

LE PRÉSIDENT.

Enfin, vous êtes satisfait, ou vous croyez l'être. Je vous en félicite.

DUNANT.

Mais vous l'êtes aussi sans doute, mon frère? Vous obtenez chaque jour de nouvelles graces.

LE PRÉSIDENT.

Je n'ai qu'à me louer de la bonté du maître. Pourtant jusqu'à présent mes succès sont plus brillants que solides. Et puis aujourd'hui, tout le monde se met sur les rangs, et vous dispute effrontément le passage.

DUNANT.

Je conviens que c'est moins commode. Mais on assure pourtant que vous devez être appelé incessamment à une des premières places de l'état.

LE PRÉSIDENT.

Oui, on le dit. Je ne demande rien. Mon dévouement est sans bornes, et je suis toujours prêt.... Vous êtes à Paris pour long-temps?

DUNANT.

Très-peu de jours.

LE PRÉSIDENT.

Vous verrez le ministre, avec lequel, sans doute, vous êtes toujours à merveille?

DUNANT.

Un ancien ami. Il me consulte sur ses projets pour l'encouragement de l'agriculture. Je compte le voir ce matin même. Mais, mon frère, vous ne me parlez pas du mariage de ma nièce.

LE PRÉSIDENT, *avec quelque embarras.*

Justement, je devais vous écrire....

DUNANT.

Sur le choix de son époux?

LE PRÉSIDENT.

Pour vous faire part de cet événement. Quant au choix qui ne regarde que moi seul....

DUNANT.

Il m'a fort étonné. Vous savez combien sont modérées mes opinions sur la naissance, et, en général, sur tous les préjugés.

LE PRÉSIDENT.

Trop.

DUNANT.

C'est possible. Mais autant je suis indifférent sur l'origine, autant je suis difficile sur l'honneur et la réputation.

LE PRÉSIDENT.

Eh bien! quoi! M. Trigoville est-il un fripon?

DUNANT.

Je ne dis point cela.

LE PRÉSIDENT.

S'il est un honnête homme!....

DUNANT.

Encore moins.

LE PRÉSIDENT.

Cependant, il n'y a pas de milieu.... Vous en penserez du reste ce qu'il vous plaira. Sa fortune et son existence dans la société en font un homme fort considérable.

DUNANT.

Oui. Mais considéré.....

LE PRÉSIDENT.

Il le sera. Il faut le temps à tout. C'est pour arriver à cette considération, qu'il recherche l'alliance de la famille.

DUNANT.

Et que vous lui vendez votre nom.

LE PRÉSIDENT.

Mon nom!....

DUNANT.

Ce n'est que votre fille.....

ACTE I, SCÈNE V.

LE PRÉSIDENT, *avec humeur*.

On devrait me rendre assez de justice, quand je m'arrête à un parti comme celui-là, pour croire que je ne fais que céder à des motifs pressants, impérieux ; enfin que j'ai les raisons les plus fortes.

DUNANT.

A la bonne heure. Je crains que cela ne produise un mauvais effet dans le public; et j'ajouterai que ma nièce m'a paru avoir de l'éloignement pour son prétendu.

LE PRÉSIDENT.

Elle aurait osé témoigner.....

DUNANT.

Je ne le dis pas ; mais quand cela serait : à son oncle, je ne verrais là rien que de fort naturel.

LE PRÉSIDENT.

Mon frère, il ne faut qu'un maître dans la famille, comme dans l'état.

DUNANT.

Aussi je ne prétends en rien à votre autorité. Je vous donne mon avis.

LE PRÉSIDENT.

Je vous remercie ; si, pour marier ces demoiselles, il fallait consulter leurs penchants ou leurs répugnances, nous verrions encore bien plus de mauvais ménages. Nous devons nous déterminer par des considérations que nos enfants ne sont pas en état d'apprécier.

DUNANT.

Si vous admettez pourtant que la chose les regarde un peu..... D'ailleurs, comment voulez-vous que votre fille ne soit pas prévenue contre un mariage qu'elle sait dans le fond vous déplaire presque autant qu'à elle-même, qui vous a trouvé si long-temps incertain, et sur lequel je parierais que vous hésitez encore.

LE PRÉSIDENT.

Moi, j'hésite ?

DUNANT.

Peut-être.

SCÈNE VI.

LES MÊMES, BAUPIERRE, COMTOIS.

BAUPIERRE, *annonçant.*

Le notaire de M. le comte.

LE PRÉSIDENT.

Il vient à propos. Dans un moment, l'affaire sera terminée. (*à Dunant.*) Vous verrez si j'hésite.

DUNANT, *à part.*

Je l'avais prévu. Il était trop tard. Pauvre Eugénie !

COMTOIS, *annonçant.*

M. le duc de Mercourt.

DUNANT.

Notre parent ?

LE PRÉSIDENT.

Lui avez-vous dit que j'étais chez ma fille ? Priez-le de monter.

COMTOIS.

Il desire vous parler seul. Il vous attend dans votre appartement.

LE PRÉSIDENT.

Que peut-il avoir de si mystérieux à me dire ? (*à Baupierre.*) Qu'on fasse entrer le notaire dans mon cabinet; nous sommes à lui dans l'instant. (*Baupierre sort.*)

(*à Rosine qui entre.*) Mademoiselle, prévenez votre maîtresse que le notaire est ici; et vous aurez soin de l'avertir aussitôt que MM. de Trigoville seront arrivés.

(*Il sort.*)

DUNANT.

Allons la préparer à ce triste message. (*Dunant sort aussi, mais par une autre porte que le président.*)

SCENE VII.

ROSINE, COMTOIS.

ROSINE, *à part.*

Voilà une assez sotte commission. Si, avec des diamants, j'ai été si mal accueillie, que sera-ce pour un notaire?

COMTOIS, *avec un gros soupir.*

C'en est donc fait.

ROSINE.

Ah! çà! dites-moi, Comtois; pourquoi vous désoler ainsi de ce mariage?

COMTOIS.

C'est qu'il me faut de l'honneur à moi, mademoiselle; non pas pour moi, qui ne suis rien, mais pour mes maîtres. Je mets tout mon amour-propre dans leur conduite et leur réputation. Je n'ai pas d'autre gloire.

ROSINE.

Et puis, je vous demanderai ce qu'a donc fait M. Trigoville, pour que vous le traitiez ainsi?

COMTOIS.

Ce qu'il a fait? Je n'en sais rien. Mais il est comme

cela des gens dont généralement on ne fait aucun cas, sans cependant qu'on sache trop précisément pourquoi. Il faut bien qu'il y ait de leur faute. (*apercevant Trigoville.*) Le voici. Je ne pourrais rester.

(*Il sort.*)

SCENE VIII.

ROSINE, TRIGOVILLE.

TRIGOVILLE *entre par le côté gauche.*

Eh bien, les présents ont été reçus à merveille?

ROSINE, *un peu embarrassée.*

Oh! oui, parfaitement.

TRIGOVILLE.

J'en étais sûr. Il n'y a pas de femme qui ne se laisse gagner par des bijoux et des chiffons ; je dis, pas une seule.

ROSINE.

Sur-tout quand ils sont beaux.

TRIGOVILLE.

De façon que ma belle-fille est en ce moment la plus heureuse personne du monde.

ROSINE.

Oh! heureuse.... Extrêmement. (*se disposant à sortir.*) Mais pardon....

TRIGOVILLE.

Ah! çà! nous allons donc signer?

ROSINE.

Le notaire est là. Et votre fils !....

TRIGOVILLE, *avec un peu d'embarras.*

Il me suit. Vous me quittez donc ? Encore un mot.

ROSINE.

Au moment de la signature d'un contrat, et à la veille d'une noce, j'ai mille dispositions à faire.

(*Elle sort.*)

SCENE IX.

TRIGOVILLE, *seul.* (*Il se frotte les mains et se promène.*)

Enfin, mon cher Trigoville, te voilà donc devenu l'allié d'une grande maison !.... D'aujourd'hui seulement je sens tout le prix de ma fortune. Le comte de Fierfort est dans ma dépendance, grace au mauvais état de ses affaires. Je me suis habilement rendu possesseur d'un titre considérable, souscrit par lui, déja échu, et qu'il est hors d'état d'acquitter autrement qu'avec la main de sa fille. Ce n'est pas tout : aujourd'hui notre ambitieux président est sur le point d'obtenir une grande place, ce qui peut seul le sauver de sa ruine complète ; de sorte que, outre l'illustration de son alliance, je profite de son crédit, s'il réussit. Jamais bonheur ne fut plus complet ni plus assuré. Chut ! quelqu'un....

SCENE X.

DUNANT, TRIGOVILLE.

DUNANT, *à part.*

Ma nièce se désole, et veut essayer une dernière tentative. Si je pouvais l'aider....

TRIGOVILLE, *à part, observant Dunant.*

Quel est ce monsieur? (*à Dunant.*) Monsieur... M. le président va paraître?

DUNANT, *regardant du côté de la porte du milieu.*
Je l'entends.

SCENE XI.

DUNANT, LE PRÉSIDENT, TRIGOVILLE.

LE PRÉSIDENT, *en colère, à Trigoville.*

Ah! c'est vous. Je suis charmé de vous voir. Osez-vous bien vous présenter devant moi? Que venez-vous faire ici?

DUNANT, *à part.*

Qu'est-ce donc?

TRIGOVILLE.

Comment, monsieur le comte? Signer le contrat, comme nous en étions convenus.

LE PRÉSIDENT, *furieux.*

Le contrat! le contrat! Oui, vous pouvez y compter. (*à Dunant.*) Vous me voyez furieux.

DUNANT.

Contre qui?

LE PRÉSIDENT, *montrant Trigoville.*

Cet homme.... et sur-tout contre le duc, qui vient de me traiter avec une indécence.... (*se tournant du côté de Trigoville.*) Il faut que vous soyez bien impudent, monsieur.

TRIGOVILLE.

Moi, M. le comte?

LE PRÉSIDENT, *à Dunant.*

Une morgue et une hauteur..... (*à Trigoville.*) Oui. Vous, monsieur. Quand un homme comme moi fait l'honneur à un homme comme vous... (*à Dunant.*) Dont, en vérité, vous n'avez pas d'idée....

DUNANT.

Si fait, assez.

LE PRÉSIDENT, *continuant à Trigoville.*

De vouloir bien l'admettre à son alliance, il a le droit de compter sur ses déférences et sa discrétion. Entendez-vous?

TRIGOVILLE.

Oui, M. le président; mais j'ignore absolument ce que cela veut dire.

LE PRÉSIDENT, *à Trigoville.*

Comment! monsieur, vous avez le front de faire publier dans les journaux que votre fils épouse ma fille?
(*Trigoville baisse les yeux.*)

DUNANT, *à part.*

Comme si cela n'était pas.

TRIGOVILLE.

Je vous assure, M. le comte....

LE PRÉSIDENT, *à Dunant.*

Vous sentez le désagrément, l'inconvenance. Le duc apprend cette mésalliance, et par les gazettes encore!

TRIGOVILLE.

Monsieur le président, je suis vraiment désespéré...

LE PRÉSIDENT, *à Trigoville.*

Me compromettre aussi essentiellement, et avec qui? Le chef le plus puissant de ma famille. (*à Dunant.*) Ce n'est pas que cela puisse excuser le ton qu'il a pris avec moi. Il a beau être M. le duc, n'estimer que la noblesse d'épée, et faire peu de cas de celle de robe....

DUNANT.

Il a tort; on ne doit blesser personne.

LE PRÉSIDENT.

Jamais. (*à Dunant.*) Aller jusqu'à m'interrompre, et presque m'imposer silence!....

TRIGOVILLE.

Je prends la liberté de prier M. le comte......

LE PRÉSIDENT, *à Trigoville.*

C'est assez, c'est assez, monsieur. (*à Dunant.*) En vérité, les hommes sont quelquefois d'un ridicule!

DUNANT.

Dont ils ne s'aperçoivent pas.

LE PRÉSIDENT.

C'est là le plus impertinent. (*à Trigoville.*) Enfin, n'étions-nous pas convenus que le mariage se ferait sans publicité, sans scandale?

TRIGOVILLE.

Vous me parlez vraiment, M. le président, comme si vous deviez en rougir.

LE PRÉSIDENT.

Croyez-vous, en effet, qu'il me fasse beaucoup d'honneur?

DUNANT, *à part.*

Il me semble que cela ne va pas mal pour ma nièce.

SCENE XII.

DUNANT, COMTOIS, EUGÉNIE, LE PRÉSIDENT, TRIGOVILLE.

EUGÉNIE, *un mouchoir à la main, va droit à son père, et fait un mouvement pour se jeter à ses genoux.*

TRIGOVILLE.

Ma foi, M. le comte, après tout....

EUGÉNIE, *au président.*

Monsieur, je viens me jeter à vos genoux....

DUNANT, *tout bas en l'arrêtant.*

Laissez faire. Si vous dites un mot....

LE PRÉSIDENT, *à Trigoville.*

D'ailleurs, monsieur, tout cela est inutile. (*à Dunant.*) A la fin, la patience commence à me manquer.

TRIGOVILLE, *à part.*

Et à moi aussi.

COMTOIS, *annonçant.*

Le notaire, qui attend M. le président dans son cabinet depuis une heure, s'impatiente, et me charge de dire qu'il est pressé.

LE PRÉSIDENT, *avec une violente humeur.*

Ah ! voilà qui est plaisant encore. Monsieur s'impatiente. Un notaire.... avec moi.... Eh ! bien ! puisqu'il est si pressé, il peut fort bien s'aller promener avec M. Trigoville. On n'a pas plus besoin de l'un que de l'autre.

(*Il sort brusquement par le fond. Comtois le suit.*)

TRIGOVILLE, *d'un ton menaçant.*

C'est votre dernier mot, M. le président? En ce cas, j'ai bien l'honneur de vous saluer. (*Il sort.*)

SCÈNE XIII.

DUNANT, EUGÉNIE.

DUNANT.

Quel bonheur! ma chère nièce, votre mariage est rompu.

EUGÉNIE.

Ah! mon oncle, comment contenir ma joie?

(*Ils suivent le président.*)

FIN DU PREMIER ACTE.

ACTE II.

(Le Théâtre représente un salon magnifique de l'appartement du président.)

SCÈNE PREMIÈRE.

UN HUISSIER, COMTOIS. (*Ils entrent par la gauche de l'acteur.*)

COMTOIS.

Je vous dis encore une fois que M. le président n'est pas chez lui. Ce n'est pas aujourd'hui son jour d'audience.

L'HUISSIER.

Ce n'est pas non plus en audience publique que je voudrais entretenir M. le comte; lui-même n'en serait probablement pas flatté.

COMTOIS.

En public, ou en particulier, vous ne pouvez pas le voir. (*à part.*) Au diable le solliciteur.

L'HUISSIER.

Je suis chargé d'un certain papier.

COMTOIS.

Donnez-le-moi.

L'HUISSIER.

J'aurais voulu avoir l'honneur de le lui remettre en

main propre. (*tirant un papier de sa poche.*) J'ai un ministère assez désagréable à remplir auprès de lui; et comme mon supérieur, je desirerais au moins y mettre toutes les formes.

COMTOIS.

Qu'est-ce donc que ce papier? Une pétition sans doute.

L'HUISSIER.

Non, c'est une assignation.

COMTOIS.

Une assignation à M. le président! Ah! grand Dieu!... Certes, on a vu bien des abus, bien des excès, depuis vingt-cinq ans.... Mais, ma foi, celui-là.... Une assignation à M. le président! Quel siècle!

L'HUISSIER.

Il me semble que vous prenez la chose un peu vivement.

COMTOIS.

Non, je ne survivrai pas à cet affront. A M. le président.... Mais le voici: tenez, présentez-la-lui vous-même....

(*Comtois sort.*)

SCÈNE II.

LE PRÉSIDENT, L'HUISSIER.

LE PRÉSIDENT *entre avec un papier à la main. Il le lit. Il se donne un air important et fort occupé. Il fait le ministre.*

(*à part.*) Déja des demandes. On me croit apparemment nommé. En effet, bientôt.... On m'en donne à l'instant la nouvelle.

L'HUISSIER.

Monseigneur....

LE PRÉSIDENT.

(*à part.*) C'est cela. (*haut.*) Qui êtes-vous?

L'HUISSIER.

Huissier, pour vous servir, M. le comte.

LE PRÉSIDENT.

J'ai tout mon monde. Je n'ai pas besoin de vous.

L'HUISSIER.

Je crains que M. le président ne se méprenne sur l'objet de ma visite. (*tenant le papier dans sa main.*) C'est en vertu d'un titre souscrit par lui, et non acquitté, qu'avec beaucoup de regrets et de soumission je viens lui remettre.... (*il avance sa main et présente le papier.*)

LE PRÉSIDENT.

Quelle insolence! une assignation, à moi!.... Comment avez-vous osé prêter votre ministère?... Ma qualité....

L'HUISSIER.

J'ai cru, monseigneur, que le magistrat qui est chargé de l'application de la loi, ne refuserait pas de s'y soumettre.

LE PRÉSIDENT, *se remettant, et avec dignité.*

Vous avez eu raison. Donnez. (*Il prend l'assignation et la parcourt.*) Cet acte n'est pas au nom de M. Trigoville. Au reste, il suffit. J'arrangerai cette affaire. S'il vous échappait un seul mot d'indiscrétion....

L'HUISSIER.

J'ai rempli mon devoir. M. le président peut compter actuellement sur mon silence et mon profond respect.

(*Il le salue et se retire.*)

SCÈNE III.

LE PRÉSIDENT, *seul.* (*Il se jette dans un fauteuil, et se cache le visage de ses mains.*)

Quelle confusion!... devant cet homme.... Le comte de Fierfort.... humilié.... par qui?... Un Trigoville.... Quoi! l'autorité que j'exerce ajoute à mon injure sans pouvoir me venger.... et j'ai pu consentir un moment à donner ma fille!... Je défie à présent la toute-puissance du sort de m'y contraindre. Oui. C'est fort bien. Mais comment m'acquitter? Il le faut pourtant. Cette première hostilité judiciaire peut donner à mes autres créanciers le signal de ma ruine.... Dans quel instant! celui où le prince a les yeux sur moi, et est prêt à me choisir.... Quelle position!... Je viens de chercher des ressources parmi mes amis, et, comme moi, ils n'ont tous que des embarras.... Un seul espoir me reste : mon homme d'affaires me promet.... J'attends sa réponse.... Je vais la presser. Mon frère!... évitons....

SCÈNE IV.

LE PRÉSIDENT, DUNANT.

LE PRÉSIDENT *va pour sortir, et dit à son frère en passant.*
Pardon. En ce moment....

DUNANT, *le retenant.*

Vous êtes donc bien pressé? Je sors de chez le ministre. Il a remis à sa majesté le travail pour cette nouvelle place à laquelle on vous désigne.

ACTE II, SCÈNE IV.

LE PRÉSIDENT, *revenant vivement sur ses pas.*

Ah! vraiment! De sorte qu'il attend la nomination?...

DUNANT.

Au premier moment. Demain. Dans la semaine....

LE PRÉSIDENT.

Sitôt. (*à part.*) Ces cruelles poursuites. (*à Dunant.*) Au reste, je suis fort tranquille. Heureusement je puis m'en passer.

DUNANT, *à part, ayant observé son frère.*

Tranquille, comme cela.

LE PRÉSIDENT, *s'efforçant de paraître calme.*

Enfin, vous avez été content du ministre?

DUNANT.

Pour mon compte, fort satisfait.

LE PRÉSIDENT.

Je vous devine. C'est-à-dire qu'il a été mal pour moi.

DUNANT.

Il se plaint de ce que vous êtes lié avec tous ses ennemis. Il vous attribue le projet de cette commission directoriale, formée des plus importantes parties de son ministère.

LE PRÉSIDENT.

Avec raison : je l'ai conçu dans l'intérêt de l'état.

DUNANT.

Il vous trouve trop d'ambition.

LE PRÉSIDENT.

Parvenu au faîte, il lui est facile de s'en passer.

DUNANT.

Cependant, malgré ce qu'il appelle vos torts avec lui, il vous a porté sur la liste des candidats. Vous êtes à la tête.

LE PRÉSIDENT.

Je le sais.

DUNANT.

Comment cela se fait-il? En me confiant ce détail sous le secret, il m'a assuré que le travail n'était pas sorti de son cabinet. C'est donc par un abus de confiance?

LE PRÉSIDENT.

Celui dont je le tiens en est tout-à-fait incapable. Je le nomme et le justifie, puisque vous l'accusez; c'est son secrétaire intime. Si le ministre m'eût été contraire, il eût gardé le silence; favorable, il a cru pouvoir le répéter, sans le trahir.

DUNANT.

A la bonne heure.

LE PRÉSIDENT.

Il n'est pas de jeune homme plus intéressant et plus honnête! Oh! je suis bien sûr que celui-là a de la naissance. Vous le verrez, car je l'ai invité à venir chez moi.

DUNANT.

Enfin, quoi que vous en vouliez croire, le ministre est disposé à se rapprocher de vous; il me l'a répété plusieurs fois; il m'a rappelé l'ancienne liaison de nos deux familles. Je compte passer la soirée chez lui. Il y a une réunion de parents et d'amis intimes. C'est une petite fête que ses enfants donnent à leur mère. Il m'a engagé à y mener ma nièce; et si cela vous convient, j'y suis disposé.

LE PRÉSIDENT.

Ma fille? J'y consens volontiers.

DUNANT.

Cela lui fera grand plaisir.

ACTE II, SCÈNE IV.

LE PRÉSIDENT.

Vous a-t-il parlé de son mariage?

DUNANT.

Non, du tout. Ah ça! c'est bien décidément que vous avez rompu avec Trigoville?

LE PRÉSIDENT.

Ah! je vous en réponds, plus que jamais. (*dans ses dents.*) L'insolent! (*tout-à-fait à part.*) Mais mon homme d'affaires. (*à Dunant.*) Je vous laisse. (*Il va pour sortir.*)

DUNANT, *le retenant.*

Encore un mot, un seul. C'est au sujet de notre nièce, la fille de notre sœur, que nous avons abandonnée et perdue de vue depuis si long-temps.

LE PRÉSIDENT.

N'est-ce pas sa faute? se mésallier! épouser un homme sans nom! (*Dunant sourit.*) et sans fortune, j'ajoute. D'ailleurs, c'était bien différent alors. Et puis, avez-vous oublié les principes et la conduite de son mari dans nos premiers troubles?

DUNANT.

Les torts furent plus ou moins réciproques; le temps doit les effacer, éteindre les divisions, et rapprocher les familles. Enfin c'est la fille de notre sœur; ses enfants, si elle en a, sont nos neveux ou nos nièces. Je veux absolument savoir ce qu'elle est devenue. Je compte profiter de mon séjour ici, pour prendre des renseignements, et faire des recherches.

LE PRÉSIDENT.

Moi, je ne pardonne pas ainsi. J'ai prononcé que je ne la reverrais jamais. Je ne puis m'unir à vos démarches.

DUNANT.

Eh bien! je les ferai seul.

LE PRÉSIDENT.

Vous êtes libre. C'est tout? Je vous quitte. (*à part.*) Dépêchons d'envoyer....

(*Le président sort d'un côté, et sa fille entre par l'autre.*)

SCÈNE V.

EUGÉNIE, DUNANT.

DUNANT, *à part, pendant que sa nièce entre.*

Malgré la tranquillité qu'il affecte, il est tourmenté. C'est sa nomination, sans doute! (*à Eugénie.*) Ah! ma nièce, justement, j'allais passer dans votre appartement.

EUGÉNIE.

Je me félicite d'être venue si à propos.

DUNANT.

Quoi donc! je vous trouve je ne sais quel air leste et vif.

EUGÉNIE.

Je viens de prendre mes leçons de danse et de chant. Mes maîtres n'ont jamais été si contents de moi.

DUNANT, *souriant.*

Je n'en suis pas surpris.... J'ai à vous parler.... et je suis assez embarrassé.

EUGÉNIE.

Pourquoi donc, mon cher oncle?

DUNANT.

Ce que j'ai à vous dire a peut-être besoin de précaution, je crains que cela ne vous soit désagréable.

ACTE II, SCENE V.

EUGÉNIE.

Serait-ce un malheur?

DUNANT.

Oh! non.... pas précisément.

EUGÉNIE, *avec effroi*.

Mon mariage serait-il renoué?

DUNANT.

Du tout. Mon frère vient encore d'en repousser l'idée.

EUGÉNIE.

Rassurée contre cet événement, tout le reste m'est indifférent.

DUNANT.

Tout?

EUGÉNIE.

Absolument.

DUNANT.

Alors, je puis donc poursuivre. C'est au sujet de votre libérateur.

EUGÉNIE, *très-vivement*.

Lui serait-il arrivé quelque chose?

DUNANT.

Non, non. Calmez-vous. Je sais à présent qui il est, quelle est sa famille.

EUGÉNIE, *toujours vivement*.

Eh bien?

DUNANT.

Eh bien! elle est honnête, et même assez aisée à ce qu'il paraît; mais d'une classe.... C'est tout simplement le fils d'un artisan.

EUGÉNIE.

Comment! un artisan! c'est impossible.

DUNANT.

Impossible! pourquoi cela?

EUGÉNIE.

Parce que.... avec un air si noble.... Vous ne l'avez aperçu qu'un instant, mon oncle, et vous en avez été frappé.

DUNANT.

Sans doute. Mais il peut avoir un air très-noble, l'être même dans tous ses sentiments, et pourtant se trouver d'une naissance obscure.

EUGÉNIE.

Oui. Mais ses manières, ses expressions....

DUNANT.

Ses expressions! il ne vous a dit que deux mots.

EUGÉNIE.

Oh! c'est égal, on voit bientôt....

DUNANT.

D'ailleurs, d'après ce qu'on m'a rapporté, il ne manque pas d'une sorte d'éducation.

EUGÉNIE.

Comment se serait-il trouvé à un bal composé de tant de personnes de distinction?

DUNANT.

Il se sera procuré un billet. On m'a ajouté aussi qu'il avait un emploi dans un bureau. Une place subalterne, sans doute.

EUGÉNIE.

Ah! mon oncle, ne dites donc pas cela. On vous a trompé.

DUNANT.

Quel motif?

ACTE II, SCÈNE V.

EUGÉNIE.

L'envie de nuire. Il y a des personnes si méchantes ! Cela est infâme.

DUNANT.

Il ne faut pas vous fâcher.

EUGÉNIE.

Non. Je parierais.... Et ce qui me désole davantage, c'est que mon oncle se soit laissé prévenir.

DUNANT.

Prévenir, moi ! contre quelqu'un que je ne connais que par un acte admirable de courage et de dévouement.

EUGÉNIE.

C'est cet acte même qui devrait bien vous prouver....

DUNANT.

On fait de belles actions dans toutes les classes.

EUGÉNIE.

J'en conviens.

DUNANT.

Et sa naissance ne doit rien ôter à son trait généreux, pas plus qu'à votre reconnaissance.

EUGÉNIE.

A la bonne heure. Mais je ne sais, j'aimerais mieux qu'il fût mon égal.

DUNANT.

Cela est naturel. Au reste, c'en est assez. Parlons d'autre chose. Ma nièce serait-elle bien aise si je la menais ce soir au bal?

EUGÉNIE.

Oh ! non, mon oncle. Je ne puis souffrir la danse.

DUNANT.

Je ne le croyais pas. Mais ce n'est qu'un petit bal. C'est chez le ministre. On fera de la musique, on dansera quelques contredanses.

EUGÉNIE.

Ah! je vous en prie, daignez me dispenser....

DUNANT.

Cela me ferait plaisir, et je vous ai annoncée.

EUGÉNIE.

Je suis vraîment mal disposée.

DUNANT.

Cela vous dissipera. J'en ai prévenu mon frère, qui y consent.

EUGÉNIE, *avec impatience.*

Vous avouerez, mon oncle, qu'il y a de la cruauté à exiger ainsi....

DUNANT.

Quoi! de l'humeur, ma nièce, et avec moi? Je n'exige rien; je m'y rendrai seul.

EUGÉNIE.

Ah! pardon, mon oncle; pardon, j'ai tort. Je vous accompagnerai chez le ministre, par-tout où vous le voudrez.

DUNANT.

Non. Cela vous incommoderait.

EUGÉNIE.

Mon oncle!

DUNANT.

J'hésite, ma nièce, et je ne crois pas que je doive accepter.

ACTE II, SCENE VI.

EUGÉNIE.

Ah! grace! votre nièce vous la demande.

DUNANT.

Allons! je cède. Mais, Eugénie, plus de ces petites vivacités, sur-tout avec le meilleur de vos amis.

EUGÉNIE.

Oh! non, jamais, jamais! Vraiment, je ne sais ce que j'avais. (*appercevant Baupierre qui ouvre la porte du fond.*) Je me tiendrai prête, mon oncle peut y compter.

(*Elle sort.*)

SCÈNE VI.

DUNANT, BAUPIERRE.

BAUPIERRE.

Est-ce que M. le président n'est pas avec monsieur?

DUNANT.

Vous le voyez bien.

BAUPIERRE.

C'est qu'il y a là un monsieur qui voudrait lui parler.

DUNANT.

Faites entrer, et voyez où mon frère peut être.

(*Dunant sort.*)

SCÈNE VII.

BAUPIERRE, EUGÈNE.

BAUPIERRE, *à la porte du fond, à Eugène, qui est dehors.*

Si monsieur veut attendre ici un moment, je vais chercher M. le comte. (*Eugène entre, et Baupierre sort.*)

SCÈNE VIII.

EUGÈNE, *seul*.

Quelle agitation j'éprouve!.... C'est donc ici qu'elle habite. (*il marche.*) Quelle inconséquence! J'ai résisté jusqu'à présent, et je cède aujourd'hui. Il est vrai que je viens pour rendre un service important à son père. Mais, moi, à quoi peut me conduire?.... Comme si je pouvais jamais espérer! La fille du comte de Fierfort, belle, d'un rang élevé, et moi, obscur et sans existence; placés l'un et l'autre, par nos fortunes, aux deux extrémités de la société.... Ah! bizarre destinée!.... J'ose m'en plaindre, et j'ai sauvé la vie à celle que j'aimais! Un moment, un seul moment, il est vrai, j'ai été plus heureux qu'il n'appartient à l'homme de l'être.... Mais voici quelqu'un. Tâchons de me rendre maître de moi.

SCÈNE IX.

BAUPIERRE, EUGÈNE.

BAUPIERRE, *à part*.

Enfermé dans son cabinet, il ne veut voir personne. (*à Eugène.*) Monsieur, je suis bien fâché, M. le président est sorti.

EUGÈNE.

On m'a pourtant assuré.... Ce que j'aurais à lui communiquer est fort important.

BAUPIERRE.

Moi.... Monsieur sent bien.... D'ailleurs il n'y est pas.

ACTE II, SCENE IX.

EUGÈNE.

Enfin, ne puis-je pas lui écrire un mot?

BAUPIERRE.

Sans doute. Il y a sur cette table tout ce qu'il faut pour cela. (*pendant qu'Eugène va à la table.*) Je suis vraiment désolé; mais, c'est qu'aussi monsieur a pris un mauvais jour pour parler à M. le comte.

EUGÈNE, *près de la table.*

Pourquoi c'est-il un mauvais jour?

BAUPIERRE.

Sûrement. Les affaires, un mariage, les présents, le contrat signé, les préparatifs, tout cela occupe furieusement.

EUGÈNE, *quittant la table et revenant à Baupierre.*

Un mariage? et de qui donc?

BAUPIERRE.

Celui de mademoiselle.

EUGÈNE.

Mademoiselle.... Elle se marie? Le président a-t-il plusieurs filles?

BAUPIERRE.

Non. Une seule.

EUGÈNE, *à part.*

Ciel! et c'est là ce que je suis venu apprendre ici.

BAUPIERRE.

On assure même que c'est dans la gazette. Elle épouse le fils d'un M. de Trigoville.

EUGÈNE.

M. de Trigoville.... Comment!... Mais qu'importe. Sortons.

BAUPIERRE.

Mais, monsieur, vous aviez quelque chose de si intéressant à apprendre à M. le comte; vous vouliez lui écrire.

EUGÈNE, *troublé.*

Ah! c'est vrai. (*à part.*) Je ne sais plus. (*il va à la table.*) Suis-je assez malheureux!

BAUPIERRE, *à part pendant qu'Eugène écrit.*

Qu'est-ce donc qui lui a pris subitement? C'est, je crois, à la nouvelle du mariage de mademoiselle.... Il ne la connaît pourtant pas beaucoup, puisqu'il ignore qu'elle est fille unique.... Il est vrai que ce mariage a déja été remis tant et tant de fois, que je ne serais pas surpris....

EUGÈNE, *après avoir écrit, dit à Baupierre:*

Je laisse ce papier. A son retour, vous aurez soin de le remettre à votre maître.

BAUPIERRE.

Oui, monsieur.

EUGÈNE, *à part, en s'en allant.*

C'est mon arrêt que je suis venu chercher ici.

(*Il sort.*)

SCÈNE X.

BAUPIERRE, *tenant le papier d'Eugène qu'il a pris sur la table.*

C'est pourtant bien désagréable de mentir comme cela aux personnes, quoique ce ne soit pas pour son compte. Mais portons bien vîte cet écrit... (*il aperçoit le président.*) Ah!

SCÈNE XI.

BAUPIERRE, LE PRÉSIDENT.

BAUPIERRE, *remettant le papier au président, qui entre par le fond.*

Voici ce que vient de laisser ce jeune homme, que monsieur n'a pas voulu recevoir.

LE PRÉSIDENT, *examinant le papier.*

C'est d'Eugène, le secrétaire intime ; je connais son écriture. Si j'avais su que ce fût lui... Lisons. « Je m'em-« presse de prévenir M. le comte de Fierfort qu'un ordre, « émané à l'instant du cabinet de sa majesté, commande « de prendre de suite les renseignements les plus exacts « sur sa fortune et l'état actuel de ses affaires. »

Oh ! Dieu ! cet ordre a été provoqué dans l'intention de me perdre. (*à Baupierre.*) Pourquoi, en annonçant, ne pas nommer les personnes ?

BAUPIERRE.

Je ne savais pas....

LE PRÉSIDENT.

Recevoir qui il faudrait chasser, renvoyer ceux qu'il m'importerait de voir. Imbécilles valets !

BAUPIERRE.

Comme si on pouvait deviner. (*Il sort.*)

SCÈNE XII.

LE PRÉSIDENT, *seul.*

Quand je le disais à mon frère. Ceci est une perfidie.... Quel fatal événement ! Sans mes engagements avec Trigoville, je pourrais m'en tirer. Une apparence de richesse recouvre ma situation. Toutes mes propriétés me restent encore. Mais ces funestes poursuites, comment les cacher, en arrêter les suites?.... Je suis sur les épines.

SCÈNE XIII.

LE PRÉSIDENT, COMTOIS.

COMTOIS, *presentant une lettre au président.*
J'ai trouvé la personne.

LE PRÉSIDENT.
C'est elle. J'ai là un poids....

COMTOIS, *examine son maître qui décachette la lettre.*
(*à part.*) Il est bien agité.

LE PRÉSIDENT.
J'ai peine à m'empêcher de trembler. (*il lit.*) C'en est fait.

COMTOIS, *regardant toujours le président.*
Quoi donc?

LE PRÉSIDENT, *à part.*
Plus d'espoir! quelle exécrable situation! Échouer tout près du port..... A moins..... La pensée suffit pour me révolter.... C'est qu'il n'y a plus de choix. Trigoville, seul.... Je serais réduit à cette extrémité?

COMTOIS, *à part.*
Son trouble augmente.

LE PRÉSIDENT, *à part.*
La destinée semble combiner ses événements pour me livrer à lui. Je suis réduit à solliciter celui-là même dont je voudrais me venger.

COMTOIS, *à part.*

Dois-je rester?

LE PRÉSIDENT, *à part.*

Quel triomphe pour sa vanité!

COMTOIS, *se retirant lentement.*

Ma foi!...

LE PRÉSIDENT.

Où allez-vous? Restez! (*à part.*) Mais, comment m'y prendre? Lui écrire!... c'est trop de déférence; aller chez lui!.... encore pis; ou l'envoyer chercher!.... il se formalisera.... Pourtant il faut choisir. Quel supplice! Jamais on n'éprouva un tel embarras.

COMTOIS, *à part.*

J'attends. Que va-t-il me commander?

SCENE XIV.

LES MÊMES, BAUPIERRE.

BAUPIERRE, *annonçant.*

M. Trigoville.

LE PRÉSIDENT, *à part.*

Lui! cet homme devine.... (*à Baupierre.*) Qu'il entre. (*Baupierre sort.*) Je sens mon antipathie.... Mais ce n'est pas de ce sentiment qu'il me faut en ce moment prendre conseil. (*à Comtois.*) Que faites-vous ici? Sortez.

(*Comtois sort.*)

SCÈNE XV.

LE PRÉSIDENT, TRIGOVILLE.

(Lorsque Trigoville entre, le président, qui s'est d'abord assis pour le recevoir, est incertain s'il doit se lever, ou rester sur son fauteuil. On doit voir le combat qui se passe en lui. A la fin, il se décide à se lever, et même à faire à Trigoville une légère inclination. Trigoville doit avoir avec lui, pendant tout le commencement de cette scène, une insolence mal contenue et un ton leste et brusque.)

TRIGOVILLE, *d'un ton fort leste.*

Monsieur le comte, puisque l'affaire du mariage est tout-à-fait finie, je viens régler avec vous. J'étais bien aise aussi de vous prévenir que, par suite d'engagements pris, je me suis vu forcé de placer un de vos effets, le plus considérable ; et, quoique la manière dont vous m'avez traité puisse me dispenser de tout procédé, je n'en regrette pas moins la nécessité où j'ai été de transmettre mes droits à un autre, qui n'en usera probablement pas avec autant de politesse que moi.

LE PRÉSIDENT, *à part.*

Il veut me tromper. (*à Trigoville.*) Quoi ! vraiment, monsieur de Trigoville, ce n'est pas vous qui me faites assigner ?

TRIGOVILLE, *avec ironie et s'inclinant.*

Monsieur le président, j'ai beaucoup trop de respect pour votre qualité. (*à part.*) Il n'en croit rien ; il n'y a pas grand mal.

ACTE II, SCÈNE XV.

LE PRÉSIDENT.

Vous me rassurez. Je ne reconnaissais pas là en effet vos procédés avec moi, cette manière généreuse....

TRIGOVILLE.

Je suis incapable.... (*à part.*) Il est poli. Le mariage tiendra.

LE PRÉSIDENT.

Eh! bien, convaincu de votre sincérité, je veux vous donner un témoignage de la conservation de mon estime.

TRIGOVILLE.

Quel témoignage, monsieur le comte ?

LE PRÉSIDENT.

C'est de vous prier de voir le nouveau porteur de mon billet, et d'en obtenir un délai.

TRIGOVILLE.

Il n'en accordera pas.

LE PRÉSIDENT.

Demandé par vous, monsieur de Trigoville, avec ce crédit et cette autorité que vous avez dans les affaires.

TRIGOVILLE.

Je ne puis pas m'en charger, monsieur le président.

LE PRÉSIDENT.

Je ne vous parle pas de ma reconnaissance. (*à part.*) Quel dégoût! (*à Trigoville.*) Que vous vous êtes acquise, et que n'a pu altérer un mal-entendu.

TRIGOVILLE.

De l'argent, M. le comte; je ne vois pas d'autre moyen de vous en tirer.

LE PRÉSIDENT.

De l'argent ?.... Vous connaissez ma position ?

TRIGOVILLE.

Comme vous-même. Elle est fort difficile. Mais vous

avez de la naissance, du crédit, et de superbes espérances prêtes à se réaliser. D'un autre côté, d'anticipations en emprunt, d'engagements en embarras, vous touchez à votre ruine. Enfin, la barque est tout près du bord, mais elle penche furieusement.

LE PRÉSIDENT.

Et c'est dans un pareil moment que vous m'accableriez? Ah! M. de Trigoville.

TRIGOVILLE.

Écoutez, M. le président, ne faut-il pas que vous finissiez par vous acquitter d'une façon ou d'une autre? Pourquoi donc toujours reculer?

LE PRÉSIDENT.

Voyons donc; quelles seraient décidément vos conditions?

TRIGOVILLE.

Vous les connaissez. Dans la pénurie de fonds où vous êtes, je n'en vois toujours qu'une seule qui puisse me convenir. Je vous répéterai ce que je vous ai déja dit. Moi, je fais des affaires sur tout. C'est mon métier. Vous n'avez qu'un nom, et je l'achète.

LE PRÉSIDENT, *à part*.

On n'est pas plus insolent.

TRIGOVILLE.

S'il est beau, je le paierai ce qu'il vaut. Mais tenez, M. le comte, nous sommes entre nous. Convenez que mes avantages valent bien les vôtres. Dans l'état actuel de la société, la richesse est un but général, et je l'ai atteint. La noblesse ne peut être qu'une exception, l'ambition et le privilége de quelques individus. Cette noblesse est une institution utile, on doit la respecter; et j'y suis plus porté qu'un autre, puisque je la recherche.

Mais il ne s'agit pas non plus d'en exagérer le prix; et
s'il me fallait choisir aujourd'hui entre elle et ma fortune,
pensez-vous bonnement que j'hésitasse? Enfin, s'il se
trouve de l'inégalité entre nos familles, cette mésalliance
ne se rencontre-t-elle pas aussi dans nos portefeuilles?
Allez, allez, tout calculé, mon coffre et votre qualité
iront fort bien ensemble; tandis que l'un sans l'autre
ferait fort incomplète figure.

LE PRÉSIDENT.

Quoi! c'est toujours à la main de ma fille que vous en
voulez? Plus j'y réfléchis, moins je vois que cela puisse
nous convenir à l'un et à l'autre.

TRIGOVILLE.

En ce cas, n'en parlons plus. Votre très-humble, M. le
comte. (*à part.*) Vîte, la saisie! Le moment est précieux
pour le scandale. (*Il le salue et va pour sortir.*)

LE PRÉSIDENT, *le retenant.*

Mais, M. de Trigoville....

TRIGOVILLE.

Les poursuites vont recommencer, je suis obligé de
vous le dire.

LE PRÉSIDENT.

Comment! il n'y aurait pas d'autres arrangements?

TRIGOVILLE.

Aucuns.

LE PRÉSIDENT.

Par exemple, des intérêts que vous fixeriez....

TRIGOVILLE.

Fi donc, M. le comte; est-ce que je place mes béné-
fices dans des misères comme celles-là, sur-tout avec des
personnes comme vous? Je vois les affaires en grand,
moi.... Me réduire à de vils intérêts.... Impossible.

LE PRÉSIDENT, *à part.*

Quelle arrogance! Un homme de rien.

TRIGOVILLE, *à part.*

Un homme qui n'a rien. (*Au président.*) Décidez-vous. La main de votre fille, ou de l'argent. Je ne connais que cela.

LE PRÉSIDENT.

Vous n'ignorez pas le mauvais effet que cette alliance produit dans le public. Est-ce ma faute à moi, si vous avez à vous plaindre de l'opinion?

TRIGOVILLE.

J'aime beaucoup que le public se montre à mon égard si difficile sur son estime, lorsqu'il la prodigue tous les jours Dieu sait à qui.

LE PRÉSIDENT.

Le bruit seul qui en a couru m'a fait beaucoup de tort, et peut nuire à ma nomination.

TRIGOVILLE.

Bah! c'est une idée.

LE PRÉSIDENT, *avec fierté.*

Quand je l'affirme.

TRIGOVILLE.

Eh bien! je consens encore à me prêter à cette faiblesse. Convenons que si le mariage est fait avant la nomination, il sera secret et célébré sans bruit à la campagne; mais aussi, ajoutons que, si d'ici à trois jours, la place est donnée, et que ce soit à un autre, la noce se fera à Paris avec un appareil convenable à votre rang et à ma fortune.

LE PRÉSIDENT.

Vous êtes un cruel homme. Vraiment vous abusez de ma position.

ACTE II, SCENE XV.

TRIGOVILLE.

C'est mon dernier mot. Voyez.

LE PRÉSIDENT.

Allons, puisqu'il n'y a pas moyen de vous faire entendre raison, et que le sort m'y contraint, il faut bien que je cède. Mais j'exige le secret le plus absolu sur ce nouveau traité; et je vous déclare de plus, car je prétends aussi imposer mes conditions, que mademoiselle de Fierfort n'entend avoir aucun rapport avec votre famille.

TRIGOVILLE.

Je ne sais pourquoi.... Mes parents sont honnêtes et considérés dans la province. Au reste, c'est facile. Je n'en vois aucun.

LE PRÉSIDENT.

Ainsi vous entendez bien. L'apparition avant la noce, de frères, oncles, neveux, du plus petit cousin, à quelque degré qu'il puisse être, deviendra une cause légitime de rupture. Retenez-le bien.

TRIGOVILLE.

A la bonne heure. Voilà donc une affaire irrévocablement terminée. (*à part.*) Ce n'est pas sans peine. (*au président.*) Quel doux moment, avouez-le, M. le comte, pour des pères comme nous! Nous venons d'assurer le bonheur de nos enfants.

LE PRÉSIDENT, *à part*.

Oui. Je le maudirai long-temps ce moment.

TRIGOVILLE.

Nous allons signer un engagement, un dédit.

LE PRÉSIDENT.

Quand je vous donne ma parole....

4

TRIGOVILLE.

C'est qu'un écrit....

LE PRÉSIDENT, *montrant la porte.*

Si elle ne vous suffit pas, vous pouvez vous retirer.

TRIGOVILLE.

M. le président....

LE PRÉSIDENT, *avec beaucoup de dignité.*

M. de Trigoville, puisque vous recherchez si obstinément l'honneur de mon alliance, il est temps que vous appreniez à l'apprécier. (*Il va pour sortir.*)

TRIGOVILLE, *le retenant.*

Un mot encore, M. le comte. Quant à votre nomination, si vous vouliez me permettre de m'en mêler, mes démarches ne vous seraient peut-être pas inutiles. J'ai des protections et des moyens qui ne sont pas à dédaigner.

LE PRÉSIDENT.

Je vous dispense de vos soins. Je ne veux devoir mon élévation qu'à ma conduite et à l'estime du prince.

(*Il sort.*)

TRIGOVILLE.

Quoi qu'il en dise, la chose à présent m'importe assez pour que j'agisse toujours à son insu. Vîte, allons trouver notre homme. Il est merveilleusement placé pour nous servir. (*Il sort.*)

FIN DU DEUXIÈME ACTE.

ACTE III.

SCÈNE PREMIÈRE.

DUNANT, EUGÉNIE.

EUGÉNIE.

Ah! mon oncle! la charmante fête que celle du ministre! Quelle divine soirée nous avons passée! Mais vous voyez comme on vous a trompé sur ce jeune homme.

DUNANT.

Non. Je ne le vois pas du tout.

EUGÉNIE.

Quoi! son amabilité, son esprit, sur-tout ce ton exquis!....

DUNANT.

Tout cela ne contredit rien de ce qu'on m'avait appris de sa naissance.

EUGÉNIE.

Si cela ne le contredit pas précisément, cela le confirme encore moins. Mais les égards du ministre, l'amitié de ses enfants, le respect des domestiques pour lui....

DUNANT.

A la rigueur, ne prouveraient pas davantage.

EUGÉNIE.

A la rigueur? Ah! mon cher oncle!.... Comment!

l'emploi subalterne, et puis cette petite éducation qu'il aurait reçue, tout cela n'était pas des contes?

DUNANT.

Quant à l'éducation, c'est différent. Je conviens qu'il en a reçu une excellente, dont il a brillamment profité.

EUGÉNIE.

Que de talents!

DUNANT.

Cela est vrai.

EUGÉNIE.

Il les a tous. Il chante!

DUNANT.

Avec beaucoup de goût.

EUGÉNIE.

Et sur-tout avec ame! il a la meilleure méthode. Ses vers sont charmants.

DUNANT.

Ils m'ont fait grand plaisir.

EUGÉNIE.

Et la musique....

DUNANT.

Est-ce qu'elle était de lui?

EUGÉNIE.

Vous n'avez pas entendu tous les compliments qu'il en a reçus.

DUNANT.

Rien ne vous est échappé, ma nièce.

EUGÉNIE.

Comme il animait la fête de sa verve et de sa gaieté!

DUNANT.

Cette gaieté est devenue d'autant plus remarquable, qu'il avait été d'abord fort sombre et fort triste.

EUGÉNIE.

Comme vous, j'en avais été frappée. Que pouvait-il donc avoir?

DUNANT.

Je ne sais. Cette humeur m'a paru changer à-peu-près au moment où j'ai appris au ministre la rupture de votre mariage avec M. Trigoville. Il était près de nous.

EUGÉNIE, *embarrassée*.

C'est particulier. Cela s'est trouvé ainsi; car, au fond, je crois que mon mariage et sa rupture lui sont indifférents. Oh! le souvenir de cette fête ne s'effacera jamais de ma mémoire, dussé-je vivre cent ans !

DUNANT.

Et vous ne vouliez pas absolument y venir.

EUGÉNIE.

C'est vrai. Quand j'y songe.... Quel malheur c'eût été !

DUNANT.

Vous avez dansé ensemble?

EUGÉNIE.

Une seule fois. J'étais émue à un point !

DUNANT.

Passablement. Je m'en suis aperçu.

EUGÉNIE.

C'était bien naturel. Pour la première fois, je me trouvais avec lui depuis le fatal événement. Mettez-vous à ma place : s'il vous avait sauvé la vie..... Enfin, je n'éprouve pas un seul sentiment que je ne le lui doive.

DUNANT.

Et vous a-t-il entretenue de cet événement?

EUGÉNIE.

Quelques mots interrompus. Notre embarras était

extrême, sur-tout le mien. Je redoutais jusqu'aux expressions de ma reconnaissance trop long-temps contenue.

DUNANT.

Vous faisiez bien.

EUGÉNIE.

Il m'a semblé que le ministre vous parlait de lui.

DUNANT.

Vous devinez tout.

EUGÉNIE.

Il vous en disait?

DUNANT.

Le plus grand bien. C'est un jeune homme qu'il considère comme tout-à-fait supérieur, doué du plus rare mérite. Il lui confie les affaires les plus délicates et les plus difficiles.

EUGÉNIE.

Vous le voyez... Et il ne vous a pas parlé de sa famille?

DUNANT.

On est venu nous interrompre, comme j'allais le questionner à ce sujet.

EUGÉNIE.

C'est bien désagréable. Moi, je crois comme mon père, que c'est un de ses parents. Son excellence me plaît beaucoup aussi : je lui trouve un discernement parfait ; et puis l'élévation ajoute tant de prix à la bonté ! Mais à propos, mon oncle, dites-moi donc quel est cet homme avec qui vous avez causé en arrivant?

DUNANT.

Quel homme?... Ah! j'y suis. Vous avez été surprise de le rencontrer en aussi grande compagnie? et moi aussi. C'est tout simplement un bon maître charpentier de ma province ; d'ailleurs, excellent mécanicien, artisan intelligent, probe et d'un grand sens. Il est adoré du pauvre ouvrier, et estimé de toutes les classes. Mais je conviens qu'avec toutes ces qualités il a des manières fort communes, et je ne devine pas trop comment il se trouvait là.

EUGÉNIE.

Ni moi non plus.

DUNANT.

Chef d'un atelier nombreux, homme populaire, le ministre n'aura peut-être pas été fâché de le connaître; ou bien, a-t-il fait quelque découverte, et présente-t-il quelque projet. Je le saurai au juste; car il m'a demandé à me voir ce matin, et je l'attends.

EUGÉNIE.

Son ton et sa tournure faisaient un singulier contraste au milieu de toutes ces personnes brillantes et décorées.

SCÈNE II.

DUNANT, EUGÉNIE, BAUPIERRE.

BAUPIERRE, *à Dunant.*

Il y a là quelqu'un qui demande M. Dunant de Fierfort.

DUNANT, *à Eugénie.*

Tenez, c'est justement notre homme, je le gagerais.

EUGÉNIE.

J'avais encore mille choses à vous dire. Je vous reverrai avant que de sortir. Vous me le promettez?

DUNANT.

Oui, ma nièce. Dans un instant je vous retrouve.

EUGÉNIE.

Je vous laisse donc.   (*Elle sort.*)

DUNANT, *à Baupierre.*

Faites entrer.   (*Baupierre sort.*)

SCENE III.

DUNANT, *seul*.

Ils sont intéressants l'un et l'autre. Ils s'aiment, et je voudrais les servir.

SCÈNE IV.

DUNANT, LELEU.

LELEU.

Comment cela va-t-il, M. Dunant?

DUNANT.

Fort bien, M. Leleu. Je vous remercie.

LELEU.

Je vous ai vu hier chez le ministre. Auriez-vous quelque affaire auprès de lui? Avez-vous besoin d'un protecteur?

DUNANT.

Je vous suis obligé. C'est mon ami. Est-ce que vous m'en serviriez?

LELEU.

Moi! pas précisément. Mais c'est tout comme. Ce serait mon fils.

DUNANT.

Il connaît donc particulièrement son excellence?

LELEU.

S'il la connaît?.... Quoi! vous ne savez pas?

DUNANT.

Je ne sais rien sur lui.

LELEU.

C'est singulier. Je croyais que tout le monde devait être informé....

DUNANT.

De quoi donc?

LELEU.

De son mérite et de ses succès.

DUNANT.

Ah!... il a du mérite.

LELEU.

S'il en a?... M. Dunant, la France est grande. Il y a bien des hommes en France; je dis des hommes de mérite.... Eh bien! il n'y en a pas un seul.... ou du moins, s'il y en a, ce n'est pas beaucoup toujours, qui puissent lui être comparés.

DUNANT.

Je vous crois, père Leleu; mais cela ne m'apprend pas ce qu'il est auprès du ministre.

LELEU.

Tout. Il est tout, il fait tout.... C'est-à-dire, avec son excellence. Enfin, c'est son secrétaire intime.

DUNANT.

Comment! en vérité, c'est votre fils?

LELEU.

Si vous le voulez bien, M. Dunant. Eugène Leleu. Vous en avez entendu parler? Quand je vous le disais.... J'en étais bien sûr.

DUNANT.

Beaucoup. Quoi! lui!... Je m'en entretenais à l'instant. Je n'en reviens pas. C'est vous qui êtes son père?

LELEU.

Cela vous étonne, n'est-ce pas?

DUNANT.

Ma surprise tient à un autre motif que celui que vous supposez.

LELEU.

Non. Cela me paraît tout simple, quand on le connaît et qu'on me voit. Eh bien! vous seriez touché de sa déférence et de son respect pour son bonhomme de père, et cela particulièrement chez le ministre, devant lui et les seigneurs qui y viennent.

DUNANT.

Quoique fort naturel, cela n'en est pas moins remarquable.

LELEU.

De mon côté, je vous avouerai que son esprit et son talent me donnent une confiance pour moi-même. Il semble que tout le monde doive lire sur ma figure : « C'est le père d'Eugène. »

DUNANT.

Je le conçois.

LELEU.

Oh! c'est un garçon!... Mais pardon de vous entretenir toujours de lui. Changeons de conversation.

DUNANT.

Pourquoi? celle-ci m'intéresse beaucoup plus que vous ne pensez.

LELEU.

Vous êtes si bon, M. Dunant! Il est vrai qu'il y a tant à en dire, et j'aime tant à en parler!

DUNANT.

C'est pour cela, continuez.

LELEU.

Je ne veux pas abuser de votre complaisance, je venais vous prier de.... Monsieur ! je suis encore à découvrir un seul défaut dans son caractère, et une seule faute dans sa vie.

DUNANT.

Le ministre en fait le plus grand cas.

LELEU.

Je le crois.

DUNANT.

Il lui est fort attaché.

LELEU.

Il a ses raisons. Sans lui.... C'est que la conduite d'un état ne l'embarrasserait pas plus que moi celle de mon atelier. Allons, voilà que je retombe toujours....

DUNANT.

Non. C'est moi, cette fois.

LELEU.

Eh bien ! avec ces belles et bonnes qualités dans mon enfant, vous me croyez le plus heureux des pères ?

DUNANT.

Vous devriez l'être.

LELEU.

Sûrement; mais un chagrin secret, qui, depuis près d'un an, le consume, et me l'emportera peut-être, fait le malheur de ma vieillesse.

DUNANT.

Depuis un an !... Et vous en a-t-il confié la cause ?

LELEU.

C'est le premier mystère qu'il me fait depuis qu'il existe.

DUNANT.

Il est possible que son silence tienne à quelque motif de délicatesse et d'honnêteté.

LELEU.

Je le gagerais, et je ne lui en veux pas du tout. Mais ce qui m'achève, parce que cela m'annonce son peu d'espoir, c'est le projet qu'il s'est fourré dans la tête, et dont je ne puis venir à bout de le détourner.

DUNANT.

Quel est-il ?

LELEU.

Il veut quitter la France et l'Europe, et aller se fixer aux États-Unis d'Amérique. Il dit que c'est un peuple plus raisonnable que nous.

DUNANT.

Comment ! il vous abandonnerait ?

LELEU, *avec la plus forte expression.*

M'abandonner!... Son père!... Mon Eugène!... Il entend bien me faire tout vendre, tout emporter, et m'emmener avec lui. Mais c'est l'attachement à la France qui nous retient encore tous deux. Nous la chérissons, et sommes fiers de lui appartenir. Cependant, je vous avouerai que j'aimerais encore mieux le suivre jusqu'au bout du monde, fût-il dix fois plus grand, que de le voir mourir ici. Je n'ai que lui, lui seul. Et quel enfant!

DUNANT.

Quitter une carrière si brillante ouverte devant lui !

LELEU.

Oh bah ! C'est bien là ce qui le touche. Vous ne le connaissez guère. On croirait qu'il a beaucoup d'ambition,

ACTE III, SCENE IV.

parce qu'il a beaucoup de moyens; mais, chez lui, c'est tout le contraire de chez beaucoup d'autres.

DUNANT.

Père Leleu, à vous parler franchement, je vois de cruels obstacles à son bonheur.

LELEU.

Comme vous vous exprimez! On dirait que vous connaissez le sujet de son chagrin.

DUNANT.

Sans doute que je le connais.

LELEU.

Et vous ne me le dites pas?

DUNANT.

Je ne le puis. Écoutez-moi, M. Leleu. Si vous devez l'apprendre, votre fils regretterait avec raison que ce fût par un autre que par lui. Enfin, c'est son secret.

LELEU.

Ce n'est pas, je vous l'avouerai, que je n'en soupçonne bien à-peu-près la cause. Il s'agit de quelque belle passion pour une demoiselle bien belle, bien comme il faut.... trop peut-être.... honnête, je n'en parle pas, parce qu'il ne peut en aimer d'autre, et qu'on ne veut pas lui donner. Cela le désole..... Je me reconnais là.... J'ai été diablement tendre aussi. Et puis, c'est tout le cœur de sa mère. Il est sensible comme elle.

DUNANT.

A propos, vous ne m'avez jamais parlé de madame Leleu. On m'a dit dans le pays qu'elle était très-bien, et sur-tout parfaitement élevée.

LELEU.

Ma femme? Oh! c'était une femme!... une vraie dame enfin. Les manières.... d'une duchesse!... et en même temps d'une modestie!.... Une femme qui n'était pas faite pour un homme comme moi, je suis de bon compte.

DUNANT.

Pourquoi donc, M. Leleu?

LELEU.

Oh! non, je vous l'assure. C'est une histoire que mon mariage, comme on n'en voit que dans quelques romans. Je vous conterai çà quelque jour.

DUNANT.

Je vous en prie.

LELEU.

Ah çà! lui, à son tour.... C'est donc aussi à la fille de quelque potentat qu'il s'est adressé; car si l'affaire ne tenait qu'à la fortune, je vous dirai que mon fils est unique, et qu'il sera assez riche. Si l'on ne voulait qu'une grosse dot, je me priverais de tout. Je vendrais plutôt....

DUNANT.

La dot ne serait peut-être pas la plus grande difficulté. Enfin, père Leleu, je m'intéresse réellement à votre Eugène; je verrai, et nous en causerons encore. Je connais de lui une admirable action.

LELEU.

Vous n'en connaissez qu'une....

DUNANT.

Mais je vous demande grace pour le moment. Je dois aller chez le ministre.

LELEU.

Je voulais encore vous consulter sur un autre objet. Cela n'a qu'un mot; mais vous êtes pressé....

DUNANT.

Volontiers. Dites toujours.

LELEU.

Ne connaîtriez-vous pas à Paris quelqu'un de ces gros capitalistes qui ont toujours de l'argent tout prêt pour profiter des bonnes idées des autres ?

DUNANT.

Non. Mais cela peut facilement se trouver.

LELEU.

Il s'agit d'une opération excellente, certaine; l'exécution en grand d'une mécanique appliquée à l'une de nos principales fabrications. Le ministre l'a fait examiner, et le rapport est favorable. Je ne prétends rien pour mon travail. Enlever à l'industrie étrangère une branche essentielle, faire subsister deux mille pauvres familles de mon département, voilà tout ce que je demande pour moi.

DUNANT.

En effet, cela me paraît intéressant. Nous en causerons. Venez.

LELEU.

Je vous suis.

SCÈNE V.

ROSINE, DUNANT, LELEU.

ROSINE, *à part en entrant.*

Ma maîtresse n'est plus avec son oncle.

DUNANT, *à Rosine.*

Mademoiselle, mon frère est sorti pour un instant. S'il me demandait à son retour, vous lui direz que je vais rentrer.

ROSINE.

Cela suffit, monsieur. (*Dunant et Leleu sortent.*)

SCÈNE VI.

ROSINE, *seule*.

Je n'en puis revenir. Quelle nouvelle pour mademoiselle! Comment, son mariage avec le jeune Trigoville est encore une fois renoué! Je veux l'en prévenir. Après tout, c'est une excellente maîtresse; et je n'ai aucune raison d'être contre elle. Mais quelqu'un....

SCÈNE VII.

ROSINE, EUGÈNE.

(*Eugène entre par le côté opposé à celui qu'ont pris Dunant et Leleu en sortant.*)

EUGÈNE.

Mademoiselle, voulez-vous me faire annoncer chez M. le comte?

ROSINE.

Monsieur, il est sorti.

EUGÈNE.

J'ai bien du malheur.

ROSINE.

Mais il ne tardera pas à rentrer; on l'attend.

EUGÈNE.

En ce cas, je vais demeurer un instant.

ROSINE.

Si monsieur veut s'asseoir....

EUGÈNE.

Je vous remercie. (*à part.*) Serai-je plus heureux cette fois?

ACTE III, SCÈNE VIII.

ROSINE.

Pendant que nous sommes dans cette partie de l'appartement, il est possible que M. le président soit rentré par un autre côté. Je vais m'en assurer.

EUGÈNE, *à part pendant que Rosine sort.*

Je desire et je redoute presque également de la voir.

EUGÉNIE, *entrant par la porte du fond.*

Rosine !

EUGÈNE, *à part.*

C'est elle.

ROSINE, *déja presque hors du théâtre.*

Mademoiselle, je reviens à l'instant; je vais jusqu'au cabinet de M. le comte.

SCENE VIII.

EUGÈNE, EUGÉNIE.

EUGÉNIE, *reconnaissant Eugène.*

Oh ! ciel !.... comment, c'est vous, monsieur ?

EUGÈNE, *troublé.*

Mademoiselle, je venais voir monsieur votre père.

EUGÉNIE, *émue et embarrassée.*

Quand on ne s'attend pas.... Est-ce qu'il a l'avantage de vous connaître ?

EUGÈNE.

J'ai cet honneur. Des relations....

EUGÉNIE, *interrompant vivement.*

De famille, peut-être ?

5

EUGÈNE.

Non, mademoiselle. Je venais le rassurer sur des craintes que je lui ai données hier.

EUGÉNIE.

C'est trop obligeant.... Monsieur, je pourrai donc une fois sans témoin vous entretenir de ma reconnaissance.

EUGÈNE, *l'arrêtant.*

Mademoiselle, je vous en conjure....

EUGÉNIE.

Pourquoi donc m'avoir si long-temps privée du plaisir de vous l'exprimer?

EUGÈNE.

Par la crainte de le trop goûter moi-même.

EUGÉNIE.

Cela était pourtant si naturel!.... Ne vous voyant plus reparaître, je craignis qu'il ne vous fût arrivé quelque accident. Vous n'avez point été blessé?

EUGÈNE.

Non, mademoiselle.

EUGÉNIE, *embarrassée.*

Je ne puis encore comprendre les motifs de votre éloignement, après m'avoir soustraite au danger.

EUGÈNE.

Vos jours étaient sauvés, qu'avais-je à faire de plus?

EUGÉNIE.

Recueillir la joie de mon père et la mienne, recevoir le prix de votre héroïque action.

EUGÈNE.

Ma récompense n'était-elle pas toute entière dans son succès?

EUGÉNIE.

Ah, monsieur, quelle noble générosité ! Comment m'acquitter jamais avec vous ?

EUGÈNE, *excessivement troublé.*

Mademoiselle.... je suis sensible à ce que vous voulez bien m'exprimer.... Je le suis trop peut-être.

SCÈNE IX.

ROSINE, EUGÉNIE, EUGÈNE.

ROSINE.

Pardon ! c'est M. votre père qui m'a retenue. (*à Eugène.*) M. le président vous attend, monsieur.

EUGÈNE, *en saluant Eugénie.*

Mademoiselle.... (*Il sort.*)

SCÈNE X.

ROSINE, EUGÉNIE.

ROSINE, *à part.*

Elle est seule, c'est l'instant de lui apprendre son mariage. (*à Eugénie.*) Ma bonne maîtresse ne m'en veut pas au sujet des présents de noce ?

EUGÉNIE.

Pourquoi me le rappeler ? Je n'y songeais plus, surtout depuis que mon mariage est rompu.

ROSINE.

C'est de cela précisément que je voulais entretenir mademoiselle. Comtois m'avait bien dit en effet le renvoi du notaire; mais Blain, domestique de M. Trigoville, vient de m'apprendre le raccommodement de son maître et de M. le président, et par suite le renouvellement du mariage.

EUGÉNIE.

Répétez. Vous êtes certaine....

ROSINE.

Il me l'a bien assuré; à tel point, qu'il voulait absolument me remettre une lettre pour mademoiselle; et je l'ai refusée.

EUGÉNIE.

Ah! grand Dieu! suis-je assez infortunée!

ROSINE.

J'ai cru que je devais prévenir ma maîtresse. (*à part.*) Mais voilà M. Dunant. Laissons-les seuls. (*Elle sort.*)

SCÈNE XI.

DUNANT, EUGÉNIE.

EUGÉNIE, *éplorée, allant au-devant de Dunant.*

Ah! mon oncle! venez apprendre le plus grand malheur!

DUNANT.

Un malheur? Lequel?

EUGÉNIE.

On vous trompe et moi aussi. Tout est perdu.

DUNANT.

Parlez.

EUGÉNIE.

Un père sacrifier sa fille! cela est barbare.

ACTE III, SCENE XI.

DUNANT.

Rappelez-vous. Expliquez-moi donc de quoi il s'agit.

EUGÉNIE.

Le projet de mon mariage avec M. Trigoville subsiste toujours.

DUNANT.

Ah! c'est là le sujet? Il fallait me le dire d'abord, je vous aurais rassurée.

EUGÉNIE.

Cela n'est donc pas vrai?

DUNANT.

Si fait. Je le croirais assez. Mais en ce moment, M. Trigoville a autre chose qui l'occupe.

EUGÉNIE.

Quoi donc?

DUNANT.

Un démêlé avec le gouvernement sur ses opérations. Cela peut devenir grave. Dans tous les cas, cet incident nous donnera du temps et peut-être les moyens d'agir pour un autre.

EUGÉNIE.

Un autre!.... A propos, il est là avec mon père.

DUNANT.

L'autre.... Qui? Eugène?

EUGÉNIE.

Ah! c'est Eugène qu'il s'appelle?.... Ah! mon oncle, je commence à craindre de m'être trompée sur la nature de mes sentiments, et d'éprouver pour lui plus que de la reconnaissance.

DUNANT.

J'ai tout conté au ministre.

EUGÉNIE.

Quoi! vous avez été lui confier?....

DUNANT.

Oui, qu'il vous avait sauvé la vie. Il aime Eugène comme son parent, comme son fils; il se charge de son avancement et de sa fortune.... Mais c'est mon frère... et ses ridicules préjugés....

EUGÉNIE.

Quel que soit l'auteur de ses jours, n'est-il pas le plus noble des êtres? D'ailleurs, ce vilain préjugé de la naissance n'existe presque plus.

DUNANT.

Hem! hem! il y aurait bien des choses à dire là-dessus.... Et vous-même, Eugénie, vous oubliez qu'il n'y a qu'un instant... Mais j'ai voulu juger, avant, par moi-même, de ce jeune homme; et, comme il se trouve ici en ce moment, dites à un des gens de le prier de me voir en sortant du cabinet de mon frère.

EUGÉNIE.

Oui, mon oncle. (*apercevant Trigoville.*) Ah! grand Dieu!

DUNANT.

Quoi donc?

EUGÉNIE.

C'est ce monsieur Trigoville. Je vous laisse.

(*Elle sort précipitamment par le milieu.*)

SCENE XII.

DUNANT, TRIGOVILLE.

DUNANT, *à part*.

Comme elle fuit!

ACTE III, SCÈNE XII.

TRIGOVILLE, *regardant Eugénie déja hors du théâtre.*

C'est mademoiselle Fierfort, je crois. Je regrette qu'elle se soit retirée si vîte; je lui aurais demandé pour mon fils la permission de lui faire sa cour.

DUNANT.

En effet, M. Trigoville, l'occasion eût été favorable, et le moment bien choisi.

TRIGOVILLE.

Mais cela ne se représentera que de reste. En cet instant, c'est vous, monsieur, que je venais voir. On assure que vous êtes l'ami intime du ministre; et, aux termes où nous en sommes, M. le président et moi, j'ai pensé que vous ne refuseriez point de lui parler en ma faveur.

DUNANT.

A quel sujet ?

TRIGOVILLE.

Une bagatelle. On m'accuse de malversation, de dilapidation, déprédation, que sais-je encore ? pour la centième fois.

DUNANT.

Et assez inutilement, à ce qu'il paraît.

TRIGOVILLE.

Je m'en suis toujours tiré. Son excellence a remis l'examen de cette affaire entre les mains d'un jeune homme qui est auprès d'elle, et qui a toute sa confiance. Il ne s'agit donc que de dire un mot.

SCÈNE XIII.

EUGÈNE, DUNANT, TRIGOVILLE.

EUGÈNE, *sortant du cabinet à droite de l'acteur.*
(*à Dunant.*)

Monsieur, je me rends à vos ordres. Vous desirez me parler, je suis....

DUNANT, *l'interrompant.*

M. Eugène, secrétaire intime du ministre.
(*Eugène s'incline.*)

TRIGOVILLE, *étonné.*

Quoi!

DUNANT.

Je n'ai pas oublié le plaisir que j'ai eu hier au soir de me trouver avec vous et de vous entendre.

TRIGOVILLE, *considérant Eugène.*
(*à part.*)

Quel singulier hasard! (*bas à Dunant.*) Justement c'est notre homme, celui qui est chargé du rapport.

DUNANT, *surpris.*

En vérité?

TRIGOVILLE, *à Eugène en passant au milieu.*

Monsieur, la rencontre est on ne saurait plus heureuse. J'ai déja eu l'honneur de me présenter chez vous deux fois depuis une heure.

DUNANT, *à part.*

Si notre rapporteur savait le raccommodement et le mariage....

TRIGOVILLE.

Je voulais causer d'un petit objet avec vous; et, avec la permission de M. Dunant....

EUGÈNE, *l'arrêtant.*

Monsieur, je vous fais observer que je ne suis pas ici chez moi; que je viens pour m'entretenir avec monsieur, et que je ne puis me permettre de vous entendre.

DUNANT.

Pourquoi, M. Eugène? La circonstance est favorable; et si vous consentez que M. Trigoville en profite, je m'y prêterai volontiers.

TRIGOVILLE, *à Dunant.*

Ah! monsieur, je vous suis obligé.

DUNANT, *à part.*

Je veux savoir jusqu'où peut aller sa délicatesse. (*haut.*) Je vous laisse ensemble, et après nous causerons tous deux. (*Il sort.*)

SCÈNE XIV.

EUGÈNE, TRIGOVILLE.

EUGÈNE.

Voyons, monsieur, je vous écoute.

TRIGOVILLE.

Monsieur, un seul mot suffira. Mon délateur est un maladroit; tous ses faits sont controuvés ou mal saisis. Je conviendrai même de bien plus avec vous, si vous le voulez; c'est qu'un autre plus habile pouvait m'embarrasser davantage : je dis m'embarrasser, entendons-nous, mais non pas me convaincre, car je suis toujours en règle, particulièrement avec le gouvernement. C'est ma méthode.

ЕUGÈNE.

Il me semble, monsieur, qu'on pourrait employer une meilleure façon de former l'opinion de son rapporteur; mais j'ajoute qu'avec moi elle est assez indifférente, dans la résolution où je suis, de ne m'en rapporter qu'aux choses et non pas aux paroles.

TRIGOVILLE.

Et c'est là tout ce que je demande. Vous voilà chargé de prononcer, non-seulement sur mon honneur et ma réputation, cela va tout seul et je ne m'y arrête point, mais encore de décider de l'existence de ma famille et de la mienne dans la société, dans un moment bien important.

EUGÈNE.

Qu'a-t-il donc ce moment de plus important qu'un autre?

TRIGOVILLE.

Je veux parler de ma position avec le comte de Fierfort, et du mariage de mon fils avec sa fille.

EUGÈNE, *avec un trouble difficilement contenu.*

Comment, est-ce qu'il n'est pas rompu?

TRIGOVILLE.

Nullement. Au contraire, il n'a jamais été si irrévocablement arrêté.

EUGÈNE, *confondu, atterré.*

C'est différent. Je croyais....

TRIGOVILLE.

Soyez entièrement détrompé. J'ai la parole du président; seulement, pour des raisons particulières, nous sommes convenus de tenir provisoirement ce traité secret.

EUGÈNE.

Ah! je comprends. (*à part.*) Que de force il me faut!

TRIGOVILLE.

Parole qu'il m'a renouvelée depuis la ridicule dénonciation faite contre moi, mais cependant à la condition que je sortirais justifié de l'accusation : de sorte qu'à présent cela ne regarde que vous seul. Tout demeure établi sur votre rapport.

EUGÈNE.

C'est moi qui dois décider....

TRIGOVILLE.

Absolument. Il ne dépend plus que de vous de mettre dans nos mains mademoiselle de Fierfort, ou de nous l'ôter.

EUGÈNE, *à part.*

Quelle épreuve !

TRIGOVILLE.

Et c'est pour éclairer votre jugement et mettre votre conscience tout-à-fait à son aise, que j'ai voulu vous faire connaître la situation des choses.

EUGÈNE, *cherchant à se remettre.*

Il suffit, monsieur.

TRIGOVILLE.

Je n'ai pas besoin de vous faire remarquer que vous voyez en moi un homme qui a calculé tout ce que la reconnaissance a de moral et d'utile, sur-tout avec les gens en place, et qui s'en est fait un devoir sacré, qu'il a toute sorte de moyens de remplir.

EUGÈNE.

Prenez garde, monsieur; il est temps que vous laissiez à votre droit seul le soin de se défendre, s'il est bon. Vous en avez déja beaucoup dit. J'examinerai l'accusation, et je ferai mon rapport à son excellence; c'est tout ce que je puis vous promettre. (*Il sort par la gauche.*)

SCÈNE XV.

TRIGOVILLE, *seul.*

Style convenu, protocole ordinaire. J'ai toujours très-habilement fait de m'ouvrir à lui sans réserve. Il a été touché de ma confiance, et me voilà entièrement rassuré.

(*Il sort.*)

FIN DU TROISIÈME ACTE.

ACTE IV.

SCÈNE PREMIÈRE.

DUNANT, EUGÈNE. (*Ils entrent chacun d'un côté différent. Eugène est fort triste.*)

EUGÈNE.

Je vous demande pardon, monsieur, si je me suis retiré à la suite de ma conférence avec M. Trigoville ; mais vous étiez avec M. le président, de mon côté j'étais attendu.

DUNANT.

Monsieur, vous ne me devez aucune excuse.... Le ministre m'a beaucoup parlé de vous. Il fait le plus grand cas de vos talents, de vos principes, et de toute votre personne. Il a de grands projets pour votre avancement.

EUGÈNE.

Je suis pénétré de ses bontés.

DUNANT.

Sans doute qu'il vous a jugé digne d'un tel intérêt ; mais il a plus fait encore ; il m'a disposé à le partager, et à vous servir si je le puis.

EUGÈNE.

Chaque jour je lui dois de nouveaux bienfaits.

DUNANT.

Enfin, tout vous promet la plus haute fortune, si vous savez en profiter.

EUGÈNE, *tristement.*

A moi, monsieur? (*Il secoue doucement la tête.*)

DUNANT.

Sûrement : vous avez déja des espérances brillantes et fondées.

EUGÈNE.

Inutiles.

DUNANT.

Pourquoi donc? elles peuvent servir au succès d'une démarche que je médite.

EUGÈNE, *vivement.*

Une démarche.... Vous, monsieur? Auprès....

DUNANT.

De mon frère.

EUGÈNE, *plus vivement encore.*

Pour moi! Ah, grand Dieu! un tel espoir!.... A quel instant votre projet et vos bontés se révèlent-ils à moi!... Mais, non; ce n'est qu'une lueur trompeuse auprès de l'abyme....

DUNANT, *à part.*

Il est bien triste.

EUGÈNE.

Croyez sur-tout à ma profonde reconnaissance. Mais de grace, monsieur, éloignons ce sujet.

DUNANT.

Vous le voulez; j'y consens. Pourtant, j'agirai toujours. Pour parler d'autre chose, vous vous êtes entretenu avec Trigoville de son affaire : où en est votre rapport?

EUGÈNE.

Il est terminé.

DUNANT.

Déja !

EUGÈNE.

Il est accusé....

DUNANT.

Et vous concluez ?...

EUGÈNE.

A sa justification.

DUNANT, *vivement*.

Sa justification ! Avez-vous bien examiné cette affaire ?

EUGÈNE.

Je ne pense pas qu'on puisse y apporter plus d'attention.

DUNANT.

Dans la vérité, il n'y a qu'une voix sur ce Trigoville. C'est un homme taré.

EUGÈNE.

Je le crois.

DUNANT.

Et vous l'excusez ?

EUGÈNE.

On ne m'a point chargé de prononcer sur sa réputation.

DUNANT.

(*à part.*) Très-bien. (*à Eugène.*) A votre place, moi, je reverrais cette accusation.

EUGÈNE.

Je vous assure qu'il ne m'est rien échappé. J'ai dû me renfermer dans l'examen des faits, et pas un seul ne se trouve fondé.

DUNANT.

Pas un? c'est désolant! car je suis sûr.... C'est que vous ne soupçonnez pas toute l'importance de votre conclusion!... Enfin, faut-il vous le dire! cette décision est devenue votre arrêt que vous avez prononcé. En justifiant Trigoville, vous unissez Eugénie à son fils.

EUGÈNE.

Trigoville lui-même m'en avait prévenu.

DUNANT.

Lui? quoi! vous saviez!... mais je n'en voulais pas davantage, je vais parler à mon frère. Je crois que je serais presque aussi inconsolable que ma nièce, si vous ne l'épousiez pas.

EUGÈNE.

Ah! monsieur, par pitié, n'ajoutez pas à mes regrets déja si déchirants! Jugez du prix que j'attache à sa main par le sacrifice de ma vie que j'ai voulu lui faire, et que je suis prêt à recommencer. Mais cette main, pourrai-je l'acheter par un acte d'improbité! Si pour obtenir votre nièce il faut cesser de la mériter, je l'honore trop pour ne pas y renoncer.

DUNANT, *ému.*

Allons, c'est décidé, mon ami. Il faut absolument que vous soyez mon neveu. Il n'existe pas deux êtres comme vous.

EUGÈNE.

Monsieur....

DUNANT.

D'abord, je n'en reconnaîtrai jamais d'autre; je le déclare à mon frère.

ACTE IV, SCÈNE I.

EUGÈNE.

A quoi cela pourrait-il servir?

DUNANT.

Je fais agir le ministre s'il le faut.

EUGÈNE.

Ah! M. Dunant!

DUNANT.

Je m'adresse à tout le monde. Je vous adopte, s'il est nécessaire ; je vous donne tout mon bien.

EUGÈNE.

Comment vous exprimer ce que j'éprouve!

DUNANT.

Tout inflexible qu'est le président, il est impossible que je ne parvienne pas à le toucher en lui racontant....

EUGÈNE.

Mais sa parole....

DUNANT.

Il n'y a point de parole, ni de traité qui tiennent.

EUGÈNE.

C'est que....

DUNANT.

Ah! mon ami ; laissez-moi faire? Quand je m'échauffe...

EUGÈNE.

Je crains que votre bonté ne s'abuse. Moi, devenir l'époux de votre nièce!

DUNANT.

C'est difficile, j'en conviens. Mais je ne sais quoi me dit qu'à la fin nous en viendrons à bout.

EUGÈNE.

Cette espérance trompée me coûterait la vie.

DUNANT.

Bah! bah! ayons de la confiance. Elle est presque toujours de bon conseil. Mais tenez, je crois justement entendre mon frère. (*il écoute.*) Oui, c'est lui. Il y a de la providence dans ce retour.

EUGÈNE.

Vous allez lui parler ?....

DUNANT.

Sans doute.

EUGÈNE.

Je tremble. Je ne voudrais pas qu'il me vît en ce moment.

DUNANT, *lui désignant une porte.*

Sortez de ce côté.

EUGÈNE, *en s'en allant.*

Dans quelle agitation je vous quitte! (*Il sort.*)

SCENE II.

DUNANT, *seul.*

Mais, en y réfléchissant, je crois qu'il est plus prudent de ne pas le nommer d'abord, ni de faire connaître son père. Contentons-nous de le désigner.

SCENE III.

LE PRÉSIDENT, DUNANT.

DUNANT, *au président.*

Jamais on ne vint plus à propos; je brûle de vous entretenir.

LE PRÉSIDENT, *très-gracieusement.*

Me voilà à vos ordres. Je n'ai rien à refuser à un si excellent frère.

ACTE IV, SCÈNE III.

DUNANT, *à part.*

Comme il est gracieux ! Bon. L'instant est favorable. (*au président.*) Il s'agit d'Eugénie, votre fille.

LE PRÉSIDENT.

Je vous écoute. Un seul mot avant. (*mystérieusement.*) Et le message du ministre ?

DUNANT.

Que je viens de recevoir ? C'est au sujet de cette nièce, mademoiselle de Serteuil ; mais ses renseignements sont tout-à-fait incomplets et incertains. Retirée dans le fond d'une province qu'on ne peut pas désigner, elle y aurait contracté un second mariage encore au-dessous du premier. On la croit morte aujourd'hui. Mais ce n'est pas là ce qui doit nous occuper en ce moment. Revenons à notre but. J'ai un parti excellent à vous proposer pour Eugénie.

LE PRÉSIDENT.

Excellent. Ah ! ah ! je le crois. Vous choisissez habilement l'instant. Savez-vous bien que la main de mademoiselle de Fierfort aujourd'hui doit être recherchée de tout ce qu'il y a de plus considérable à la cour ?

DUNANT.

Aujourd'hui ? (*à part.*) Allons, le voilà retombé dans ses grandes prétentions. J'ai mal choisi mon moment.

LE PRÉSIDENT.

Pourtant je vous dirai que je me trouve à son égard dans une position assez embarrassante. J'ai une sorte d'engagement.

DUNANT.

Je le sais.

LE PRÉSIDENT.

Comment ?

DUNANT.

Trigoville l'a confié à ses laquais, qui l'ont répété aux vôtres. Mais, bah! ce mariage ne se fera jamais.

LE PRÉSIDENT.

Trigoville lui-même finira par en sentir l'inconvenance et l'impossibilité, sur-tout à présent....

DUNANT.

A présent....

LE PRÉSIDENT.

Ah! je m'entends!.... Mais, cette rupture admise, voyons quel serait ce magnifique parti que vous me proposez.

DUNANT.

Je n'ai pas dit magnifique. Vous exagérez.

LE PRÉSIDENT.

Si ce n'est magnifique, au moins excellent. Voyons donc, quel est-il? Son nom?

DUNANT, *embarrassé.*

Ce qu'il est? (*à part.*) Cela s'engage mal. (*cherchant à s'échauffer.*) Ce qu'il est? Un jeune homme parfait, admirable, comme vous n'en avez jamais rencontré.

LE PRÉSIDENT.

Sa famille?

DUNANT.

L'extérieur le plus séduisant et le fond le plus solide.

LE PRÉSIDENT.

Mais sa maison?

DUNANT.

Il aura de la fortune. Il a un protecteur très-puissant, et je vous réponds de la carrière la plus brillante. Enfin c'est un de ces sujets tout-à-fait supérieurs.

LE PRÉSIDENT.

Je vous comprends. C'est-à-dire qu'il n'est pas même gentilhomme. En ce cas je vous répondrai, comme le bon M. Jourdain, qu'il n'aura pas ma fille.

DUNANT.

Est-ce pour prouver qu'il est des hommes et des ridicules qui ne changent jamais, que vous le citez? C'est apparemment le choix de Trigoville qui vous rend si difficile?

LE PRÉSIDENT.

Vous ne pouvez pas raisonnablement me l'opposer.

DUNANT.

Quoi! le mérite et la vertu ne sauraient vous tenter?

LE PRÉSIDENT.

Faites que le monde s'en contente.

DUNANT.

Le bonheur de votre fille, que je vous garantirais, ne vous toucherait pas davantage.

LE PRÉSIDENT.

Un homme de votre nom, appartenant à une famille jusqu'ici sans mélange, peut-il penser ainsi!

DUNANT.

Préjugé ruiné. (*Le président lève les épaules et sourit.*) Vous conviendrez qu'il serait singulier qu'on prétendît le faire renaître au milieu de tant d'exemples qui en contredisent la nécessité.

LE PRÉSIDENT, *ironiquement.*

A moins que des esprits supérieurs comme le vôtre n'entreprennent de nous en corriger.

DUNANT.

Sans avoir tant de prétention, je n'en essaierai pas moins de les combattre. Oui, mon frère, je hais l'orgueil, parce qu'il voudrait ne reconnaître pour principes entre les membres égaux d'une même famille, que celui des héritages pour les uns et des exhérédations pour les autres; qu'il tend sans cesse à diviser les hommes, quand il faudrait les rapprocher et les unir. Je déteste la vanité, parce qu'elle engendre les fausses idées et les faux besoins; que, par suite, elle appauvrit tout, la raison, le génie, le goût, et jusqu'à la richesse même.

LE PRÉSIDENT.

Quoi! mon frère, tant de bile et d'éloquence pour me prouver que je dois donner ma fille à un homme obscur, dont l'existence et tous les avantages reposent sur le fragile crédit d'un plus fragile protecteur peut-être; et cela, dans quel moment!... car, vous allez, vous blâmez, et vous ne connaissez pas même ma position.... dans le moment où une dignité nouvelle....

DUNANT.

Vous êtes nommé.

LE PRÉSIDENT.

Je l'apprends à l'instant; mais on m'a recommandé le secret jusqu'à la publication officielle, retardée je ne sais pourquoi.

DUNANT.

Je ne suis plus surpris de toutes vos prétentions. Nous en verrons bien d'autres.

LE PRÉSIDENT.

Ce sont là toutes vos félicitations? Eh bien! je poursuis et vous déclare que votre protégé, si parfait qu'il puisse être, ne sera jamais mon gendre.

DUNANT.

C'est votre conclusion?

LE PRÉSIDENT.

Irrévocable.

DUNANT.
S'il ne peut devenir mon neveu, j'en ferai peut-être mieux.
LE PRÉSIDENT.
Vous êtes le maître.
DUNANT.
Je le sais, et pourrai fort bien le prouver.
LE PRÉSIDENT.
A la bonne heure. (*en sortant.*) Votre serviteur.

SCÈNE IV.

DUNANT, *seul*.

J'ai joliment arrangé les affaires de nos amants. Comment diable aussi deviner qu'il vient d'être nommé! C'est décidé, on ne le fera jamais consentir à cette alliance.

SCENE V.

DUNANT, LELEU.

LELEU.

C'est encore moi, M. Dunant; je vous dérange peut-être.

DUNANT.

Non, non, M. Leleu.

LELEU.

Ah! çà, savez-vous que vous êtes le plus habile homme du monde! Mon fils se désolait; vous lui avez parlé, et voilà qu'il est tranquille et plein d'espoir.

DUNANT, *à part*.

Oui, le compliment arrive à propos.

SCÈNE VI.

TRIGOVILLE, DUNANT, LELEU.

TRIGOVILLE, *à Dunant.*

Votre très-humble serviteur, M. Dunant.

DUNANT.

Je vous salue, M. de Trigoville. (*à part.*) Le ministre sera désolé. Je vais lui rendre compte du triste succès de ma mission. (*à Leleu.*) Je suis fâché de vous laisser.

LELEU, *à Dunant.*)

Je vous suis.

DUNANT, *à Leleu.*

Mais, je me rappelle.... vous m'avez demandé si je connaissais un homme en état de faire des avances : tenez, voici justement votre affaire.

LELEU.

Ce monsieur ! si vous vouliez lui parler ?

DUNANT.

(*à Leleu.*) Volontiers. Attendez. (*à Trigoville.*) M. de Trigoville, je vous présente un brave homme, qui aurait une proposition à vous faire ; je souhaite qu'elle puisse vous convenir : il va vous l'expliquer. Vous pouvez avoir toute confiance dans sa personne et ses paroles.

TRIGOVILLE.

Recommandé par vous, M. Dunant, je suis tout disposé à l'obliger.

DUNANT, *à Trigoville.*

Je vous remercie. (*à tous deux.*) Je vous laisse ensemble. Pardon, une affaire.... (*Il sort.*)

SCÈNE VII.

TRIGOVILLE, LELEU.

TRIGOVILLE.

Voyons, mon cher, que voulez-vous de moi?

LELEU.

Vous êtes riche, dit-on. Il s'agit d'une entreprise superbe.

TRIGOVILLE.

Est-ce qu'elles ne le sont pas toujours toutes?.... Avant.

LELEU.

Oh! celle-là, diantre.... c'est bien différent.

TRIGOVILLE, *souriant*.

Et vous avez besoin de fonds? Combien?

LELEU.

C'est considérable.

TRIGOVILLE.

Encore?

LELEU.

Cent mille écus.

TRIGOVILLE.

Bagatelle.

LELEU.

Quel compère! Je vous ferai voir le projet, les plans....

TRIGOVILLE.

C'est inutile.

LELEU.

Encore est-il nécessaire que vous examiniez....

TRIGOVILLE.

Rien. Le frère du comte vous connaît, vous recommande ; cela me suffit.

LELEU.

Voilà ce qui s'appelle être rond en affaires. J'aime cela.

TRIGOVILLE.

C'est ma manière. Vous êtes un de ses ouvriers ?

LELEU.

Son charpentier. Je lui ai construit dernièrement un moulin. Ah ! quel moulin ! un vrai bijou ! La roue horizontale, deux pouces d'eau. Monsieur entend peut-être la mécanique ?

TRIGOVILLE.

Du tout.

LELEU.

C'est dommage.

TRIGOVILLE.

Vous pouvez dès ce moment passer chez votre notaire et faire dresser l'acte. Je l'examinerai et je le signerai.

LELEU.

Mais il faudrait pourtant savoir auparavant quel titre vous prendrez dans l'entreprise ! Enfin....

TRIGOVILLE.

Bailleur de fonds, propriétaire, associé, comme vous voudrez.

LELEU.

C'est différent.

TRIGOVILLE.

Seulement n'oubliez pas de vous munir d'avance de mes noms et prénoms, et de les faire porter.

LELEU, *tirant de sa poche un carnet et un crayon, et se mettant en devoir d'écrire.*

M'y voilà. Monsieur s'appelle ?....

TRIGOVILLE.

Ignace-Roch Leleu de Trigoville.

LELEU, *s'arrêtant.*

Quoi! Leleu!....

TRIGOVILLE.

Oui, oui; c'est mon nom de famille. Je ne le porte pas ordinairement; mais dans les actes, je suis forcé de le prendre. Ceci est étranger.... Avez-vous mis de Trigoville?

LELEU, *préoccupé.*

Celui-là est singulier! Ce n'est pas tant encore Leleu, (parce que des Leleu, il y en a, Dieu merci!) qu'Ignace-Roch.

TRIGOVILLE.

Ah! çà! qu'est-ce qui l'occupe à-présent?

LELEU.

Votre pays, je vous prie.

TRIGOVILLE.

Il n'en est pas besoin pour le contrat.

LELEU.

Allons, vous êtes Normand, c'est sûr!

TRIGOVILLE, *commençant à se décontenancer.*

Normand?

LELEU.

De Bray-la-Grivoise, près de Vire.

TRIGOVILLE, *embarrassé.*

(*à part.*) C'est juste. (*à Leleu.*) Moi, de Bray?

LELEU.

Non. Il ne se doute pas... Vous allez être enchanté!

TRIGOVILLE, *à part.*

Je tremble.

LELEU.

Nous sommes cousins.

TRIGOVILLE.

Nous, cousins?

LELEU.

Rien que germains. Attendez.

TRIGOVILLE.

(*à part.*) Au diable la parenté! (*haut.*) Allons donc, vous plaisantez.

LELEU.

Pas du tout. Mon père était Ignace Leleu, et moi, je suis Antoine.

TRIGOVILLE, *regardant Leleu de côté.*

(*à part.*) En effet. (*haut.*) Je ne sais ce que vous voulez dire.

LELEU.

Oh! moi, je vous reconnais à présent à vos traits; et puis, on a parlé de vous dans le pays. « *Le cousin le richard.* » Je me le rappelle.

TRIGOVILLE.

Gardez-vous bien de le croire, et sur-tout de le répéter.

LELEU.

Pourquoi donc cela? Est-ce que vous en rougiriez?

TRIGOVILLE.

Je ne suis point le parent d'un homme de votre classe.

LELEU.

Parbleu, vous l'êtes tout de votre long.

TRIGOVILLE.

Si vous osez le soutenir....

LELEU.

Je le dirai à toute la terre. Ah! vous le prenez sur ce ton?

TRIGOVILLE.

Je vous ferai connaître.... Si j'avais ici mes gens...

LELEU.

Et moi, les miens.... la livrée n'aurait pas beau jeu.

TRIGOVILLE.

On n'est pas plus arrogant. (*il aperçoit le président dans le fond du théâtre.*) Ah! ciel! le président! je suis perdu.... Justement. (*bas à Leleu.*) Ah! mon ami, je vous en supplie. (*à part.*) Que faire! Si je fuis, il parlera.

SCÈNE VIII.

LE PRÉSIDENT, TRIGOVILLE, LELEU.

LE PRÉSIDENT, *cherchant des yeux Dunant.*
J'ai cru mon frère encore ici.

TRIGOVILLE, *bas à Leleu.*

Votre argent est tout prêt, si vous vouliez repartir?

LELEU.

Ce n'est plus d'argent qu'il est question.

LE PRÉSIDENT.

M. de Trigoville, vous n'avez pas vu mon frère?

TRIGOVILLE.

M. le comte, il sort à l'instant. (*à part.*) S'il pouvait le suivre!

LELEU.

Après m'avoir présenté au cousin.

TRIGOVILLE.

(*à part.*) L'enragé! (*bas à Leleu.*) De grace, mon cher...

LELEU, *très-haut.*

Oui, mon cousin.

LE PRÉSIDENT, *à Trigoville.*

Comment! cet homme est votre parent?

TRIGOVILLE.

Fi donc! Du tout. (*à part.*) C'est le seul parti.

LELEU.

Tout proche, M. le comte.

TRIGOVILLE, *au président.*

Ne vous en occupez pas, je vous prie. C'est une espèce de visionnaire, de fou. Il veut absolument que je sois Normand, son allié, que sais-je encore?

LELEU.

Je ne vous conseille pas plus de renier le pays que la famille.

LE PRÉSIDENT, *à Trigoville.*

Pourtant il a une assurance... (*à part.*) Comme cela serait heureux!

LELEU.

Mon père n'était que son oncle, et de plus son parrain; c'est pour cela qu'il s'appelle Ignace-Roch, comme lui.

LE PRÉSIDENT, *à Trigoville.*

Vous êtes cousins germains. Cela me paraît positif. (*à part.*) Fort bien. (*à Trigoville.*) Et vous me disiez que dans votre famille, il n'y avait que des personnes sortables!

LELEU, *à part.*

Ah! çà! pour qui me prend-il donc celui-ci?

LE PRÉSIDENT, *assez bas à Trigoville.*)

Vous vous rappelez notre convention. (*plus haut.*) Mais

de ce que nos parents sont malheureux, ce n'est pas une raison pour les méconnaître.

TRIGOVILLE.

Moi avouer!....

LE PRÉSIDENT.

D'ailleurs, à quoi vous servirait-il de le renier pour tel, s'il l'est en effet, et que le monde en soit persuadé? Vous voyez bien comme la vanité est absurde.

LELEU.

C'est bien vrai.

TRIGOVILLE.

Un artisan! (*Il passe à la gauche du président.*)

LE PRÉSIDENT, *se fâchant.*

Monsieur, quand il est estimable, un simple artisan vaut un autre homme, entendez-vous?

TRIGOVILLE, *à part.*

Ne voilà-t-il pas à-présent qu'il prêche l'égalité! Cela lui va bien.

LE PRÉSIDENT.

Je ne souffrirai pas que vous lui manquiez devant moi. Sachez que la fierté ne sied à personne.

TRIGOVILLE, *à part.*

Ce n'est qu'à lui seul qu'elle est permise.

LE PRÉSIDENT.

Allons, allons, M. de Trigoville, rougissez de votre morgue, et reconnaissez devant moi ce bon parent.

TRIGOVILLE, *à part.*

Il a ses raisons. (*haut.*) Je soutiens qu'il ne l'est pas.

LE PRÉSIDENT.

Quelle petitesse!.... Le fils du frère de votre père; sans doute le compagnon, l'ami de votre enfance. La nature doit vous parler pour lui.

LELEU.

Oh! M. le comte, ne le sollicitez pas tant. Je ne tiens pas du tout à l'honneur de sa parenté. Je vois qu'il n'y a pas de quoi. J'étais seulement bien aise de le faire connaître et de punir sa vanité.

LE PRÉSIDENT, *à Leleu.*

Vous avez fort bien fait. (*à Trigoville.*) Je n'en suis pas moins dégagé.

TRIGOVILLE.

Vous voilà satisfait. Vous ne vouliez qu'un prétexte.

LE PRÉSIDENT.

Et j'ai trouvé mieux.

TRIGOVILLE, *au président.*

Quelle ingratitude! (*entre ses dents.*) Au moment où je fais des efforts et des sacrifices pour sa nomifiation. (*plus haut.*) Mais il est peut-être encore temps....

LE PRÉSIDENT.

Vos menaces ne m'effraient plus.

TRIGOVILLE.

Nous verrons. (*en s'en allant.*) Que le ciel confonde la parenté et les cousins! (*Il sort furieux.*)

SCENE IX.

LE PRÉSIDENT, LELEU.

LE PRÉSIDENT.

Son insensibilité et son orgueil me révoltent. Il vous sera facile de prouver ce que vous avez avancé?

LELEU.

Ah! mon Dieu! je suis connu dans toute ma province, et même ici. Antoine Leleu, le père Leleu, indistinctement. Je ne manquerai pas de gens qui répondront de moi. Eh parbleu! M. votre frère tout le premier.

LE PRÉSIDENT.

C'est excellent. (*à part.*) Je conviens que le cousin est un peu commun.

LELEU.

Je ne suis, comme il vous l'a très-bien dit, qu'un simple artisan, un maître charpentier, qui fait tout rondement son métier, et se tient tranquillement à sa place; ce qui ne m'a pourtant pas empêché, tel que vous me voyez, d'épouser une personne de la première qualité.

LE PRÉSIDENT.

Vous ?

LELEU.

Oui, moi; et si, comme le cousin, je n'avais que de la vanité, je n'aurais pas manqué de m'en vanter devant lui. Avez-vous connu par hasard M. le marquis de Serteuil?

LE PRÉSIDENT, *la voix altérée.*

Beaucoup. Eh bien !

LELEU.

Sa fille m'a fait l'honneur d'être ma femme.

LE PRÉSIDENT, *à part.*

Oh! ciel! ma nièce!

LELEU.

Je sais bien qu'il n'a fallu rien moins que les événements extraordinaires qui ont tout bouleversé, pour qu'une semblable chose arrivât. Mais enfin, c'est comme cela.

LE PRÉSIDENT.

(*à part.*) Quelle honte !.... Contraignons-nous. (*à*

Leleu.) Comment donc! J'ai cru que mademoiselle de Serteuil avait épousé un sieur Servières.

LELEU.

Sans doute. C'était son premier mari; et moi, je suis le second. M. Servières, le brave et vertueux M. Servières.... succomba dans le temps... Je fis tout pour le sauver, ce fut impossible. Il me recommanda sa malheureuse épouse..... Imaginez-vous une pauvre femme, jeune encore, belle, douce, délicate, élevée dans l'opulence, qui tout-à-coup se trouve plongée dans le plus horrible désespoir, et se voit en même temps privée de toute espèce de ressources et d'appui.... affaiblie, malade, prête à mourir... C'est dans cet abandon des hommes et de la nature entière, que je la trouvai. Je lui offris mes services; elle voulut bien les accepter, mais elle refusa mes secours. Dans la suite, les besoins et les souffrances réduisirent sa fierté, et la contraignirent à céder à mes instances. Petit à petit, le malheur et l'habitude me rendirent son égal. Mon cœur ne sut point résister au touchant tableau de ses vertus et de son admirable résignation. Je ne pus me défendre de l'aimer. Quoique mon amour ne se fût pas écarté une seule fois du silence et du respect qu'elle savait si bien imposer, elle s'en aperçut sans me le témoigner. Elle avait à plusieurs reprises fait connaître sa position à sa famille, qui l'avait indignement repoussée. Sa délicatesse, blessée de recevoir des bienfaits qu'elle ne pouvait plus espérer de rendre, la décida à les légitimer : elle m'offrit sa main. Je sais bien qu'il eût été peut-être plus généreux à moi, en m'élevant jusqu'à elle, de la refuser.... Mais, ma foi, j'étais jeune, amoureux; elle était belle..... Oh! belle!.... Tant de vertu était au-dessus de mes forces, et j'acceptai. Elle remplit en digne femme tous ses devoirs, ne se ressouvint pas un instant de ce qu'elle avait été; et, quoiqu'elle ne pût éprouver pour moi que de la reconnaissance et de la bonne amitié, elle me rendit heureux comme si elle m'avait toujours adoré.

LE PRÉSIDENT, *à part.*

Suis-je assez humilié!..... (*haut.*) Vous vous êtes jugé vous-même; vous ne deviez pas abuser de la situation de mademoiselle de Serteuil, et l'épouser.

LELEU.

A ma place, vous ne l'auriez pas fait?

LE PRÉSIDENT.

Non, sans doute.

LELEU.

Je vous en félicite. En ce cas, je ne vous vaux pas, et (*entre ses dents*) pourtant je ne saurais vous envier.

LE PRÉSIDENT, *à part.*

Si on pouvait au moins l'éloigner! (*haut.*) Vous habitez la capitale?

LELEU.

Non. J'y suis venu pour quelques affaires. J'ai apporté mes papiers avec moi, sur-tout ceux qui concernent la famille de ma femme. Je veux les faire examiner. On ne sait pas, ça peut devenir utile à mon fils.

LE PRÉSIDENT, *impérieusement.*

Gardez-vous-en bien!

LELEU.

Pourquoi donc? J'y suis décidé. Je compte les faire voir au ministre. J'ai chargé mon fils de les lui remettre; peut-être même les a-t-il déja.

LE PRÉSIDENT.

Je vous ordonne de les reprendre sur-le-champ.

LELEU.

Vous m'ordonnez!.... vous m'ordonnez! Voilà qui est singulier! Vous le prenez sur ce ton!

LE PRÉSIDENT.

Je vous ferai poursuivre comme séducteur, comme ravisseur.

LELEU.

Moi, séducteur!.... Ah! il est plaisant! D'ailleurs, cela ne vous regarde pas. De quel droit vous mêlez-vous de cette affaire?

LE PRÉSIDENT, *avec la plus forte colère.*

De quel droit? de quel droit? J'avais autorité sur mademoiselle de Serteuil; c'était ma nièce.

LELEU, *surpris.*

Votre nièce? en vérité? Oh! la drôle de journée! Je crois que je deviendrai le parent de tout le monde. Je suis donc votre neveu?

LE PRÉSIDENT.

Non, pas du tout.

LELEU.

Ah! celui-là est fort! N'allez-vous pas, à votre tour, faire le petit Trigoville? Ce n'était pas la peine de le si bien prêcher.

LE PRÉSIDENT.

Ce mariage est nul, et je le ferai casser.

LELEU.

Il est bon, et il tiendra. Rien, je vous en réponds, n'y a manqué; et je suis aussi-bien votre neveu que le cousin de ce publicain.

ACTE IV, SCÈNE IX.

LE PRÉSIDENT.

Je le désavoue hautement.

LELEU.

Qu'importe! si cela est. Quelle petitesse! Vous le disiez vous-même tout-à-l'heure.

LE PRÉSIDENT.

Je ne veux pas de Trigoville pour gendre, et je vous reconnaîtrais!.... un artisan!

LELEU.

Quand il est estimable, il vaut un autre homme. Ce sont vos paroles.

LE PRÉSIDENT.

Un être sans éducation.

LELEU.

J'ai cru qu'elle se reconnaissait à la politesse que vous recommandiez si bien. Apparemment que vous vous croyez le privilége de vous en passer.

LE PRÉSIDENT, *à part*.

J'ai peine à me contenir.

LELEU, *malicieusement*.

Allons, allons, mon cher oncle; revenez aux sentiments de la nature, et ne repoussez point l'époux de votre nièce. Il est devenu l'enfant de votre propre sœur... J'essaie si je serai aussi touchant que vous.

LE PRÉSIDENT, *presque furieux*.

Si je pouvais pousser l'oubli de moi-même, et de mon nom jusques-là!....

LELEU.

Oh! oui. C'est bien vous. Je me rappelle que ma femme m'a parlé de deux frères qu'elle avait, un bon....

LE PRÉSIDENT, *l'interrompant vivement.*

C'en est trop!... Retenez bien ce que je vais vous dire. Si vous avez l'audace de vous parer publiquement de ce titre, j'emploierai l'autorité pour vous poursuivre.... J'ai du crédit, du pouvoir. Je viens d'être nommé à une des premières places de l'état.

LELEU.

Eh bien! voilà un bon choix que le prince a fait-là.

SCÈNE X.

LE PRÉSIDENT, EUGÈNE, LELEU.

(*Eugène entre en ce moment sur la scène. Le président est tout près de Leleu; il a une attitude menaçante. Emporté par la colère, il ne s'est point aperçu de l'arrivée d'Eugène. Le dialogue continue.*)

LE PRÉSIDENT, *toujours à Leleu.*

Vous verrez si on blesse impunément mon honneur!...

LELEU.

Dites donc, mon orgueil.

LE PRÉSIDENT.

Si on brave.... (*à part apercevant Eugène.*) Toutes les malencontres à-la-fois!... O ciel! devant ce jeune homme!....

EUGÈNE.

Quoi! M. le comte, vous paraissez fâché?

LE PRÉSIDENT.

Ce n'est rien. Ne faites pas attention, M. Eugène. C'est à ce misérable....

ACTE IV, SCÈNE X.

EUGÈNE, *qui était près du président, s'élance auprès de Leleu.*

Qu'osez-vous dire? C'est mon père.

LE PRÉSIDENT, *à part.*

Lui! le fils d'un homme si commun!

EUGÈNE, *entre ses dents avec indignation.*

Misérable!....

LE PRÉSIDENT, *à part.*

Moi qui le croyais quelque chose!

EUGÈNE, *avec la plus grande véhémence.*

Connaissez-vous bien celui dont vous parlez ainsi? Savez-vous qu'il n'est pas de citoyen plus respectable, et que je suis plus fier d'un tel père, que si je portais votre nom, et que j'appartinsse à une famille mille fois plus ancienne que la vôtre? Savez-vous que chez cet homme, qui vous paraît si vulgaire, il n'y a pas un seul sentiment qui ne soit pur, une seule action qui ne soit noble, et une seule parole qui ne soit vraie? Bon père, bon époux, bon Français..... enfin une carrière entière, toute de probité et d'honneur.

LELEU, *se mettant au-devant de son fils.*

Allons, allons, mon garçon, c'est assez.

EUGÈNE, *avec un ton menaçant.*

Et que serait-ce encore, si je le comparais....?

LE PRÉSIDENT.

Prenez garde à ce que vous allez dire.

LELEU, *toujours au-devant de son fils.*

Eugène, Eugène, il faut toujours être calme. Finissez,

EUGÈNE.

Il n'est aucune considération qui puisse m'arrêter,

quand on vous outrage. La puissance suprême serait devant moi.... ce serait en présence de mademoiselle de Fierfort elle-même!...

LE PRÉSIDENT.

Ce mot m'éclaire. C'est pour vous que mon frère vient de me parler....Vous, mon gendre! Grand Dieu!

LELEU.

Comment! il serait le père de celle que tu aimes! Ah! mon pauvre ami! que je te plains! il est ton oncle aussi.

EUGÈNE.

Quoi! le président?

LELEU.

Ta mère était sa nièce.

LE PRÉSIDENT.

J'aurais pour neveu un insolent pour lequel j'ai eu des déférences, et qui les recevait encore.... Quand je me le rappelle, je suis humilié.... Un aventurier!....

LELEU, *avec la plus violente colère, et en menaçant le président.*

Un aventurier! mon fils, mon Eugène!.... Ah! çà! M. le comte, il y a assez long-temps que je vous en passe.

EUGÈNE, *se mettant au-devant de Leleu.*

Mon père! calmez-vous, de grace!....

LELEU, *toujours en fureur.*

Pour mon compte, ça m'est égal, vous pouvez continuer; mais à lui, ne vous avisez pas de lui manquer devant moi.

EUGÈNE, *à son père.*

Je vous en supplie.

LELEU.

C'est qu'il n'y aurait rang ni qualité qui tinssent. Un si vertueux fils, oser l'insulter!

EUGÈNE.

Arrêtez! Le père de mademoiselle de Fierfort...

LE PRÉSIDENT.

Je vous conseille d'invoquer le nom de ma fille pour me faire respecter!

SCÈNE XI.

LE PRÉSIDENT, DUNANT, LELEU, EUGÈNE.

LE PRÉSIDENT, *à Dunant, qui entre par le milieu.*

Ah! venez unir votre indignation à la mienne, et m'aider à repousser ces vils imposteurs.

DUNANT.

Mon frère, ils sont nos neveux, j'accourais pour vous l'annoncer. Je sors de chez le ministre, dépositaire de leurs papiers; et le premier qui nous est tombé sous la main est le contrat de mariage de notre nièce avec cet honnête homme. Ainsi vous voyez en lui son époux légitime et son fils.

LE PRÉSIDENT.

Quoi! vous les reconnaîtriez!

DUNANT.

Hautement, et je m'en honore, remerciant le ciel de me les envoyer si estimables.

LE PRÉSIDENT, *furieux.*

Un frère, un Fierfort! quelle indignité!

DUNANT.

Vous le savez, j'étais à leur recherche; je voulais même adopter ce jeune homme.

LE PRÉSIDENT.

C'est lui que vous n'avez pas eu honte de me proposer pour ma fille!

DUNANT.

Sans doute, parce que je l'en reconnaissais digne.

LE PRÉSIDENT.

Lui? Pourrait-il bien avoir poussé l'audace jusqu'à former des vœux pour s'unir à elle! J'en veux encore moins pour mon gendre que pour mon neveu; et si je croyais que ma fille se fût oubliée au point d'en concevoir même la pensée, je chargerais sa tête de ma malédiction! (*Il sort par le milieu.*)

DUNANT, à *Leleu et Eugène.*

Suivez-moi, sa raison l'abandonne.

FIN DU QUATRIÈME ACTE.

ACTE V.

SCÈNE PREMIÈRE.

LE PRÉSIDENT, DUNANT. (*Ils entrent chacun d'un côté opposé.*)

DUNANT.

Ah ! je vous cherche. J'ai les choses les plus importantes à vous apprendre relativement à nos neveux.

LE PRÉSIDENT.

Nos neveux ! nos neveux !

DUNANT.

Eh bien ! les miens, puisque vous ne voulez pas qu'ils soient les vôtres. C'est particulièrement d'Eugène....

LE PRÉSIDENT, *l'interrompant.*

Vous persistez donc à les reconnaître ?

DUNANT.

Sans doute, et vous ne tarderez pas à faire de même.

LE PRÉSIDENT, *l'interrompant toujours.*

Pour vous le prouver, sachez que, résolus d'attaquer la validité du mariage, le duc et moi, nous venons à l'instant de faire une démarche auprès du magistrat ; de plus un mémoire remis au prince, et appuyé du crédit du chef de la famille....

DUNANT, *l'interrompant à son tour.*
Et l'a-t-il en ce moment ce mémoire ?

LE PRÉSIDENT.
Il doit l'avoir.

DUNANT.
En ce cas, je vous félicite, vous avez fait là une chose fort habile, sur-tout pour un homme qui sollicite et attend une faveur.

LE PRÉSIDENT.
Quel rapport ?

DUNANT.
Je vais vous l'apprendre, si vous voulez m'écouter : le prince connaît tout entière l'histoire d'Eugène, il daigne prendre ce jeune homme sous sa toute-puissante protection.

LE PRÉSIDENT, *confondu.*
Comment ?

DUNANT.
Le ministre lui a tout raconté, à commencer par l'événement du bal, c'est-à-dire, les jours de ma nièce miraculeusement sauvés par son cousin, événement qu'Eugénie m'a dit s'être décidée à vous confier ; ensuite, la rencontre des jeunes gens, leur embarras, leur amour mutuel ; enfin, notre parenté ; sans oublier, dans tous ces détails, le talent extraordinaire de son protégé. Le prince, moins difficile que vous sur l'origine, lorsqu'il rencontre le mérite et la probité, a déclaré vouloir se charger de la fortune de notre neveu. Le bruit de cette aventure et des bontés de sa majesté, répandu à la cour, la personne d'Eugène est devenue le sujet de toutes les conversations, et d'une espèce de mode et d'engouement. Vous connaissez le pays !

ACTE V, SCÈNE I.

LE PRÉSIDENT.

Tout cela est fort touchant; mais peut-on me forcer à reconnaître un artisan pour mon neveu?

DUNANT.

Vous y forcer! non, sans doute; mais veufs tous deux, moi sans enfants, et vous avec une seule fille, sans héritier de votre titre et de notre nom, le prince a pensé que vous devriez adopter un parent que la providence elle-même semble vous offrir, lui donner la main de mademoiselle de Fierfort, qui lui doit la vie, et lui transmettre votre nom, dont sa conduite et ses nobles qualités le rendront toujours digne : ajoutant que, si telle pouvait être votre pensée et votre desir, il donnerait volontiers son consentement à ces actes.

LE PRÉSIDENT.

Mon nom! Mon nom! Jamais. Je respecte l'autorité du maître jusques dans ses moindres desirs; mais ici.... il m'offrirait la première place de l'état que je ne céderais pas.

DUNANT, *à part*.

Il en serait capable.

LE PRÉSIDENT.

Moi, adopter.... Ah!... comment le prince a-t-il pu se livrer à une telle pensée!

DUNANT.

Ecoutez, c'est son avis. Tâchez de concilier le vôtre avec sa faveur et votre respect.

LE PRÉSIDENT.

Je sais bien que je dois m'attendre à une disgrace complète, à voir ma nomination révoquée.

DUNANT.

Révoquée ? Mais êtes-vous bien sûr qu'elle ait été faite, et qu'on ne vous a point trompé ? J'ai, moi, des raisons de soupçonner qu'il y a dans cette affaire quelque intrigue dont vous êtes en ce moment la victime.

LE PRÉSIDENT, *inquiet.*

Une intrigue ! Il faudrait....

SCÈNE II.

BAUPIERRE, LE PRÉSIDENT, DUNANT.

BAUPIERRE, *au président.*

Il y a là quelqu'un qui desirerait entretenir M. le président en particulier.

DUNANT.

Je vous laisse.

LE PRÉSIDENT.

Non, restez. Je vais le recevoir dans mon cabinet.

SCÈNE III.

DUNANT, *seul.*

L'orgueil et l'ambition ont en ce moment bien de la peine à s'accorder. Il est difficile de deviner encore qui des deux l'emportera. L'état de ses affaires ajoute à son irritation. D'après ce que m'a dit ma nièce, et ce que j'ai observé, je le crois près de sa ruine. Eh bien ! voilà ce qu'il ne confierait point à son frère, sa fierté s'en trouverait humiliée.

SCÈNE IV.

DUNANT, EUGÈNE.

DUNANT, *à Eugène qui entre par la gauche.*
Vous, Eugène, chez mon frère ?

EUGÈNE.

C'est pour un sujet qui l'intéresse, et dont je voulais vous entretenir. Des manœuvres criminelles, auxquelles M. le comte était tout-à-fait étranger, comme je n'ai cessé de l'affirmer à son excellence, ont été employées pour le faire nommer. Des pièces favorables à ses concurrents avaient été soustraites pendant le travail ; et au moment même de sa transmission, des changements frauduleux ont eu lieu dans l'ordre des présentations. Ces faits reconnus, au retour du brevet, le ministre a dû en suspendre la notification. Justement indigné d'une aussi odieuse intrigue, je me suis attaché à en découvrir les véritables auteurs, et je viens heureusement d'y parvenir. Usant à propos d'adresse et de menace, j'ai amené le coupable à s'accuser lui-même. Dans ses aveux, il a désigné Trigoville comme celui qui l'avait séduit, et qui avait tout machiné.

DUNANT.

Comment, le président était nommé ?

EUGÈNE.

Mais, mon oncle, on peut dire qu'il l'est encore.

DUNANT.

Il me tarde que mon frère apprenne ces nouvelles et les obligations qu'il a à son neveu, dans cette importante occasion.

EUGÈNE.

Relativement à moi et mon père, je voulais vous dire encore, mon oncle, que le duc de Mercourt semble aussi vouloir nous reconnaître.

DUNANT.

En vérité? Mais chut! j'entends du bruit; si c'était le président! Justement, c'est lui.... (*il écoute.*) Suivez-moi vîte dans mon appartement, où je desire que vous m'attendiez. Je veux connaître ces importants détails.

(*Dunant et Eugène sortent par le côté gauche; le président entre par le fond.*)

SCÈNE V.

LE PRÉSIDENT, *seul.*

Mon frère ne l'avait que trop bien deviné. Je n'ai plus d'espoir. La place n'est pas encore donnée, mais il est décidé que ce n'est plus moi qui dois l'avoir. Des preuves d'intrigue et de corruption ont été découvertes, dit-on.... Quelle infamie! Le ministre sait assez que j'en suis incapable, et il faudra qu'il s'explique publiquement sur mes torts. J'avais atteint le but. Un instant j'ai possédé cet emploi tant poursuivi, tant desiré, et qui, seul, pouvait me racheter de ma ruine. (*il se laisse tomber dans un fauteuil, puis il se relève et marche précipitamment.*) Il ne manquerait plus à mon infortune que de voir les poursuites de Trigoville recommencer.

SCÈNE VI.

COMTOIS, LE PRÉSIDENT.

COMTOIS.

Ah! M. le comte! Ah! mon maître!... excusez-moi si je suis tout troublé: l'hôtel en ce moment....

LE PRÉSIDENT.

Eh bien! qu'est-ce? Parlez.

COMTOIS.

Les recors, les huissiers, le remplissent.

LE PRÉSIDENT, *à part.*

Il y a de la précision dans mon malheur. A peine ai-je eu le temps de le prévoir.

COMTOIS, *joignant les mains.*

Chez M. le président de Fierfort!

LE PRÉSIDENT, *à part.*

Son désespoir est cent fois pis que l'affront même.

COMTOIS.

M. le comte, je suis vieux, je ne suis plus absolument nécessaire; je vous le demande en grace, renvoyez-moi.

LE PRÉSIDENT.

Vous êtes un insensé. Sachez vous contenir, je vais leur parler.

COMTOIS.

C'est ce que fait en ce moment M. Dunant, justement il s'est trouvé là.

LE PRÉSIDENT.

Oh! ciel! mon frère.... Quelle confusion! Après le mystère que je lui ai fait de mon état....

COMTOIS.

Peut-être parviendra-t-il à les appaiser. Il a demandé à entretenir le chef.... cet homme noir d'hier, et il l'a emmené dans son appartement.

LE PRÉSIDENT.

Allez voir s'il y est encore; sachez ce que font à présent ses agents, et revenez sur-le-champ me le dire.

(*Comtois sort.*)

SCÈNE VII.

LE PRÉSIDENT, *seul*.

C'en est donc fait, crédit, existence, considération, honneur, tout est perdu. Chassé de ma demeure (celle de mes pères), exproprié de tous mes biens; que dis-je? menacé jusques dans ma liberté même, rien ne manque à l'affreux scandale de ma ruine.... Oh Dieu! (*apercevant son frère qui entre par le fond.*) Mais c'est mon frère.... Eh bien! apprenez-moi.... (*il va au-devant de lui.*)

SCÈNE VIII.

DUNANT, LE PRÉSIDENT.

DUNANT, *très-froidement*.

Vous pouvez vous rassurer. Ils se sont éloignés.

LE PRÉSIDENT.

Comment y êtes-vous parvenu?

ACTE V, SCÈNE VIII.

DUNANT.

J'ai fait demander en mon nom du temps à Trigoville, peut-être l'accordera-t-il.

LE PRÉSIDENT.

Détrompez-vous, il refusera. Vous n'avez rien fait, ils vont revenir.

DUNANT.

Vous croyez? J'en suis fâché.

LE PRÉSIDENT.

Quoi! c'est avec cette indifférence que vous accueillez mes malheurs!

DUNANT.

Vos malheurs? je ne les connais point; me les avez-vous confiés? M'avez-vous rien dit?

LE PRÉSIDENT.

J'attendais plus de votre amitié.

DUNANT.

Et quelle preuve m'avez-vous donnée de la vôtre pour en attendre davantage? Est-ce votre silence sur votre position, gardé si obstinément avec un frère? Vous parlez d'amitié, vous! Sachez qu'elle n'exista jamais dans un cœur où règnent seuls l'orgueil et l'ambition.

LE PRÉSIDENT.

Vos reproches sont cruels.

DUNANT.

Vos procédés le sont-ils moins?... Au fait, quelle est votre situation?

LE PRÉSIDENT.

Plus embarrassée que réellement mauvaise; je dois beaucoup, mais toutes mes propriétés sont encore intactes dans mes mains, et répondraient au-delà de mes dettes, si j'avais du temps pour m'en défaire. Malheureusement mes engagements avec Trigoville ne me le permettent pas: des billets souscrits imprudemment, un sur-tout pour une somme très-forte, et qui est échu.

DUNANT.

Cet effet acquitté pourrait donc éloigner une crise, et peut-être même tout-à-fait vous en garantir?

LE PRÉSIDENT.

J'oserais en répondre.

DUNANT, *tirant un papier de sa poche et le remettant au président.*

Eh bien! tenez, le voici ce billet.

LE PRÉSIDENT, *prenant la main de Dunant et la serrant vivement.*

Quoi! mon frère, c'est à l'instant même que vous venez de le payer?

DUNANT.

Oui, cela n'a pas été long.

LE PRÉSIDENT.

Et vous vous trouviez dans les mains des fonds assez considérables?

DUNANT.

Justement, par le plus grand bonheur du monde, j'ai touché aujourd'hui le remboursement de ma terre, vendue l'année dernière: c'était un des objets de mon voyage, je croyais vous l'avoir dit. Ainsi vous voyez combien de peines vous vous seriez épargnées avec un peu de confiance.

ACTE V, SCÈNE VIII.

LE PRÉSIDENT, *atterré.*

Ah! je ne puis vous exprimer combien je suis touché, confondu, d'une conduite si noble et si admirable! Mais je dois vous dire que ce remboursement est encore loin de m'acquitter avec cet homme. Il a dans les mains d'autres titres de moi.

DUNANT.

Je le sais, il faut régler. Disposez de ma fortune.

LE PRÉSIDENT, *serrant de nouveau la main de son frère, la quittant, et se cachant le visage dans ses mains.*

Quelle supériorité est la vôtre!.... Que de torts vous me donnez!

DUNANT.

Dès que vous les reconnaissez, je ne vous en parle plus.

LE PRÉSIDENT, *l'embrassant.*

Et j'ai pu méconnaître un tel ami!

DUNANT.

Ah! c'est là ce que j'ai le plus de peine à oublier. Mais revenons à vos affaires.

LE PRÉSIDENT.

Vous ne sauriez concevoir vous-même dans quel abyme j'allais tomber, et cela au moment de ma disgrace, car vous ignorez la découverte d'un prétendu complot qu'on m'attribue.

DUNANT.

Mieux que vous je suis au fait. Tout est reconnu, tout est expliqué relativement à cette intrigue ourdie par Trigoville.

LE PRÉSIDENT.

En vérité, vous avez appris ces détails?

DUNANT.

Il n'y a qu'un instant, depuis que je vous ai quitté.

LE PRÉSIDENT.

Ces faits reconnus, il serait de la justice du prince....

DUNANT.

Sûrement vous pourriez, si ce n'était ce malheureux mémoire.

LE PRÉSIDENT, *embarrassé.*

Je vous dirai que j'ai écrit pour le ravoir, s'il en est temps encore.

DUNANT.

Vous ne savez pas qui a démêlé toute cette infâme trame, et vous a rendu un si important service?

LE PRÉSIDENT.

Non, je suis impatient de le connaître et de lui témoigner ma reconnaissance; nommez-le moi.

DUNANT.

Eugène, votre neveu.

LE PRÉSIDENT.

Quoi, c'est lui!.... lui que j'ai traité....

DUNANT.

Voilà comme il se venge d'un oncle injuste qui le méprise et le repousse.

LE PRÉSIDENT.

Je vous prie de croire que je ne suis pas insensible à un tel procédé. Déja ce jeune homme m'avait obligé avec beaucoup de zèle... Eh bien! malgré tout cela, le duc n'en serait pas moins indigné, si je l'avouais pour mon neveu.

ACTE V, SCÈNE VIII.

DUNANT.

Que dites-vous ? Le duc est prêt à le reconnaître, ainsi que son père. En effet, il est furieux, mais c'est contre vous. Il dit que vous l'avez compromis en le menant avec vous chez le magistrat.

LE PRÉSIDENT.

C'est impossible. Le duc les reconnaître.... lui qui est si fier !

DUNANT.

Que parlez-vous de fierté ? A la cour, on est courtisan avant tout. La faveur du prince s'est prononcée.

LE PRÉSIDENT, *après un moment de silence.*

Il a sauvé les jours de ma fille. Mais pourquoi me l'avoir dit si tard ?

DUNANT.

Sa reconnaissance et son amour se sont trouvés si subitement confondus ensemble, qu'Eugénie était assez embarrassée pour en parler.

LE PRÉSIDENT, *s'arrêtant encore un moment, et regardant son frère.*

Je vous devine. Vous pensez que je devrais faire comme le duc ?

DUNANT.

Sans doute ; et vous aurez plus de mérite que lui après la malheureuse altercation....

LE PRÉSIDENT.

Le petit monsieur est un peu vif.

DUNANT.

Il défendait son père.

LE PRÉSIDENT.

C'est sur-tout ce père.... La parenté avec lui est un peu rude, vous en conviendrez.

DUNANT.

N'est-ce pas le plus honnête homme du monde? Que voulez-vous de mieux?

LE PRÉSIDENT *s'arrête encore, et on voit qu'il fait effort.*

Mon frère, où est ce jeune homme?

DUNANT.

Ici.

LE PRÉSIDENT, *confondu.*

Chez moi, en ce moment?

DUNANT.

Dans mon appartement.

LE PRÉSIDENT, *avec hésitation.*

C'est que... (*brusquement.*) Allons, faites-le venir.

DUNANT, *appelant vivement.*

Comtois, Baupierre.... (*au président.*) Et ma nièce aussi.

LE PRÉSIDENT.

Croyez-vous qu'elle soit nécessaire?

DUNANT.

Au moins elle ne peut pas nuire. D'ailleurs, ne comptez-vous pas tout finir en même temps?

LE PRÉSIDENT.

C'est bien prompt.... Au reste, faites, décidez, commandez à ma conduite. Puis-je la remettre en meilleures mains?

ACTE V, SCÈNE VIII.

DUNANT, *à Baupierre.*

Dites à la personne qui est chez moi de se rendre ici.

LE PRÉSIDENT, *à Comtois.*

Et à ma fille, que je la demande.

COMTOIS.

Oui, monsieur. (*Il sort.*)

DUNANT, *comme occupé d'une idée.*

Il y a plus. Le contrat des jeunes gens, dressé à l'instant et présenté de suite à la signature du prince, répond à tout. Il détruit l'effet du mémoire, et décide votre nomination.

LE PRÉSIDENT.

Il est certain qu'en lui donnant la main de ma fille, c'est le reconnaître avec éclat, ainsi que son père.

DUNANT, *montrant à son frère Eugène et Eugénie, qui entrent chacun par un côté.*

Tenez, les voici tous deux.

SCÈNE IX.

EUGÉNIE, DUNANT, LE PRÉSIDENT, EUGÈNE.

(*Eugène, en voyant le président, est embarrassé et inquiet. Il s'avance avec réserve.*)

LE PRÉSIDENT, *allant au-devant de lui, et avançant la main.*

Mon neveu!

EUGÈNE.

Quoi! monsieur, vous pouvez pardonner....

LE PRÉSIDENT.

Appelez-moi votre oncle, et que tout soit oublié.

EUGÈNE.

Est-il bien possible?

DUNANT, *bas à sa nièce.*

Ce n'est pas tout.

LE PRÉSIDENT.

Vos procédés, vos vertus m'ont vaincu. Qui ne s'honorerait d'un parent tel que vous?

EUGÈNE, *s'inclinant.*

Mon oncle!

LE PRÉSIDENT.

Et afin de vous prouver qu'il n'est aucune réserve dans mes nouveaux sentiments, je vous donne la main de votre cousine, dont vous avez si généreusement sauvé les jours. (*Il prend la main d'Eugénie, et la lui présente. Eugénie passe entre le président et Eugène.*)

EUGÈNE, *tenant la main d'Eugénie.*

A moi! Ah! quel bonheur! et que j'étais loin de m'en flatter!

LE PRÉSIDENT.

Vous n'avez pas besoin de son aveu.

EUGÈNE.

Je n'en serais pas moins heureux de l'entendre.

EUGÉNIE.

Convenir que ce moment est le plus doux de ma vie, n'est-ce pas vous dire assez?

ACTE V, SCÈNE IX.

EUGÈNE, *à Dunant.*

Ah! le meilleur des parents! c'est à vous que je dois les bontés de mon oncle et tant de félicité!

LE PRÉSIDENT.

Je fais plus encore. Je vous adopte, et veux que vous portiez le nom de la famille. (*à son frère.*) C'est l'idée du prince. (*à Eugène.*) Nous en causerons avec votre père. Où est-il donc?

EUGÈNE.

Sans doute il va venir... (*apercevant son père.*) Le voici.

SCÈNE X ET DERNIÈRE.

DUNANT, LE PRÉSIDENT, LELEU, EUGÉNIE, EUGÈNE.

LELEU, *étonné et confondu, reste dans le fond.*

Quoi! le président!....

LE PRÉSIDENT.

Approchez donc; je suis impatient de faire la paix avec vous, et de vous témoigner la satisfaction que j'éprouve à trouver l'époux de ma nièce dans un homme aussi estimable.

LELEU, *toujours embarrassé et avec un peu de froideur.*

M. le comte....

LE PRÉSIDENT.

Non-seulement je viens de reconnaître votre fils pour mon neveu, mais vous voyez encore en lui mon gendre. Tout est terminé.

LELEU, *tout-à-fait remis.*

Terminé!... Et moi donc? Je vous remercie, messieurs, de vouloir bien m'en faire part.

EUGÈNE, *atterré.*

Mon père!....

DUNANT.

Comment, mon neveu!...

LELEU, *regardant son fils, dont l'expression annonce la confusion et la plus vive douleur.*

Mais je n'ai pas le courage de poursuivre. Il m'attendrit. (*au président en souriant.*) Vous sentez, M. le comte..... mon cher oncle, veux-je dire, que ce n'est pas bien sérieusement que je me formalise dans un moment où je me trouve le plus fortuné des pères, et j'ajoute, le neveu le plus respectueux.

LE PRÉSIDENT.

Ah! à la bonne heure.

LELEU.

Pendant que vous prépariez ici le mariage, le prince faisait le présent de noces.

DUNANT.

Comment donc?

LELEU.

Il vient d'appeler Eugène à son conseil.

ACTE V, SCÈNE X.

DUNANT.

Mon neveu, je vous en félicite.

LE PRÉSIDENT.

Eugène, vos succès sont devenus les miens.

EUGÉNIE.

Ah! mon père!

DUNANT.

La nouvelle....

LELEU.

Est certaine. Je la tiens de bonne part, c'est de mon cousin le duc de (*Il cherche à se rappeler le nom.*) Comment s'appelle mon cousin le duc?

LE PRÉSIDENT.

Le duc de Mercourt.

LELEU.

Oui, le duc de Mercourt.

EUGÈNE.

Ah! mon père! il vous a vu!

LELEU.

Et il m'a fait des amitiés!... C'est sur-tout son air de franchise qui m'a charmé.

DUNANT, *à part.*

Sa franchise!

LE PRÉSIDENT.

Quant à moi, on ne dira pas au moins que c'est la faveur du maître qui m'a déterminé!

LELEU.

Mais tenez (*se tournant vers Eugénie*), au milieu de tous ces honneurs, ce dont je me sens le plus glorieux, c'est de pouvoir appeler une belle et bonne demoiselle comme vous, ma fille.

EUGÉNIE.

Vous ne l'êtes pas plus que je ne suis heureuse de vous nommer mon père.

DUNANT.

Qui aurait dit que nos débats se termineraient aussi heureusement ?

LELEU.

Voilà comme il ne faut jamais désespérer des hommes et des événements.

Orgueil et vanité.

www.ingramcontent.com/pod-product-compliance
Lightning Source LLC
Chambersburg PA
CBHW060152100426
42744CB00007B/997